中华民族人文修养经典故事丛书

中小学德育教育系列读本

孝

尊亲立身之道

XIAO

ZUNQIN LISHEN ZHI DAO

系列故事

编著　李彗生

改编　李　帆　耿　志

人民东方出版传媒

東方出版社

图书在版编目（CIP）数据

孝——尊亲立身之道 / 李彗生 编著；李帆，耿志 改编．—北京：东方出版社，2019.9
（中华民族人文修养经典故事丛书）
ISBN 978-7-5207-1132-6

Ⅰ．①孝…　Ⅱ．①李…　②李…　③耿…　Ⅲ．①品德教育－中国－青少年读物　Ⅳ．① D648-49

中国版本图书馆 CIP 数据核字（2019）第 178425 号

孝——尊亲立身之道
（XIAO ZUNQIN LISHEN ZHI DAO）

编　　著：李彗生
改　　编：李　帆　耿　志
责任编辑：蒋建平　陈建华
出　　版：东方出版社
发　　行：人民东方出版传媒有限公司
地　　址：北京市朝阳区西坝河北里 51 号
邮　　编：100028
印　　刷：成都紫星印务有限公司
版　　次：2019 年 9 月第 1 版
印　　次：2019 年 9 月第 1 次印刷
开　　本：880 毫米 ×1230 毫米　1/32
印　　张：10
字　　数：187 千字
书　　号：ISBN 978-7-5207-1132-6
定　　价：39.00 元
发行电话：(010)85924663　85924644　85924641

“中华民族人文修养经典故事”丛书

前　言

在漫漫五千年的历史进程中，中华民族创造了灿烂的中华文化。中华文化为人类的发展做出了卓越的贡献。以儒学为代表的中华优秀传统文化，源远流长，博大精深，熏陶孕育了一代又一代中华儿女，铸造了中华民族特有的气质和品格，铸就了中华民族独特的心理构成、思维方式和文化传统，成为海内外中华儿女的精神家园，是中华民族共同拥有的灵魂的根。历史告诉我们，能否继承本民族的优秀文化传统，是一个民族能否走向繁荣的重要标志。一个具有“精神脊梁”的民族，才是充满希望的民族！

近百年来，由于社会变革的历史原因，中华优秀传统文化的传承和发展遭受到很大的挫折，当今中国，出现了信念危机！我国改革开放历经四十年，中华民族迈进了伟大的复兴时代。当理智面对国家的繁荣时，却发现传统文化、道德意识在我们中间有些失衡，这不能不引起我们的深思和反省。

大力加强对青少年进行民族优秀传统文化的教育，将传统道德与时代精神相结合，普及中华民族优秀传统文化方面的知识，使其精华得以传承并发扬光大，才是中华民族优秀传统文化长盛不衰的希望所在。今天的中小学生，他们中有不少人或只埋头功课、追求分数，期盼金榜题名；或热捧歌星、影星、球星，而对中华文化做出巨大贡献的孔子、孟子及历代圣贤和传统文化却知之甚少，更缺乏系统的学习。只有大力普及推广优秀传统文化，才能使中华民族的优秀文化在他们的心里扎下根，才能使他们更加热爱自己的民族，热爱自己的祖国，肩负起新时代建设强盛国家、强盛民族的历史重任！

编著者结合现代文化传播的时代特点，推出的 “中华民族人文修养经典丛书” 将以孔子为代表的儒学文化精华之忠、孝、诚、信、礼、义、仁、和、廉、恕、智、行等优秀传统经典故事，把孔子之所以成为万代师表的人生轨迹，用连环画形式表现出来，变“阳春白雪，和者盖寡”为深入浅出，通俗易懂。通过大众普及传播方式，让中华民族优秀传统文化在海内外中华儿女乃至全世界民众中广泛传播，中华民族优秀的传统文化就有了发展的空间、成长的沃土，中华民族优秀传统文化这棵参天大树就能根深叶茂！

编辑出版这些人文修养经典故事，意在弘扬中华民族的优秀传统，“子规夜半犹啼血，不信东风唤不回”。希望本书中的故事，能在中华民族文化的传承中，成为提升国民素质的催化剂，去激发中华民族昂然崛起的生命冲动！

“中华民族人文修养经典故事”丛书

李彗生

2019年5月

内容提要

“孝”在孔子创立儒家学派之前，已成为中国社会重要的道德规范之一。据文献记载，自殷商时代起，统治者已经讲孝并大力提倡孝行，孝道也大大地发展，成为维系家族、巩固统治的重要措施。这时的孝，不仅是对父母，也包括对死去已久的先祖。周朝的统治者把“孝”当成人的重要品德，是能否当官为吏的衡量标准，从而奠定了两千年传统家族伦理道德规范的雏形。

孔子把“孝”作为人际关系的重要准则之一。“孝”是子女爱父母的道德，这种道德要求子女对待父母，不仅能赡养老人，而且还要尊敬老人。孔子认为孝有三层含义：父母活着的时候，要依礼的准则来孝敬他们；父母死后要按照礼的准则进行安葬；还要按照礼的准则进行祭祀。孟子尤其重视“孝悌”，他认为尧舜之道的基本精神就是孝悌。“不得乎亲，不可以为人。不顺乎亲，不可以为子。”人人恪守孝道，天下则治则平。

荀子、曾子继承了孔子孝为本的思想，认为孝是众德之本。《孝经》主张：一、对父母要奉养与服从。二、对父母要尊敬，要安慰。三、谦虚谨慎，恪守先王之道。诸侯的“孝”道是“在上不骄，高而不危。制节谨度，满而不溢”。卿大夫之“孝”则为“非先王之法服不敢服，非先王之法言不敢道，非先王之德行不敢行”。

司马光、程颢、程颐、朱熹及很多儒学之士，把“孝”视为最高道德，认为是诸德的根本。因家庭是国家的基础，统治者要求人能尽孝道于家，那么在外就会忠君。即所谓事父能孝，事君必忠，忠是孝的外延。孝的确是诸德的基础。人若不孝，则很难取善于人。与人不善，则不能取信于人，故失去为人的基本道德。

我们推出的“中华民族人文修养经典故事”丛书——《孝 尊亲立身之道》，个个故事独立成篇，图文并茂，简明扼要，像串联的珍珠，紧紧围绕“孝”这一道德范畴，自成一家。其故事内容丰富，情节感人。如“千里寻母尽孝心”，明世宗嘉靖年间，有个叫丘绪的人，他不仅有学问，而且很懂孝道，关于他历尽千辛万苦、百折不挠寻得亲生母亲的故事，在当时为人所称道，并流传后世为人敬仰。“孙思邈学医孝双亲”，孙思邈是唐代著名大医学家，可是有谁知道，他学医的最初动力，来自对父母的孝心。原来，孙思邈的父亲患有夜盲症，母亲患粗脖子病，这给他们二人带来许多痛苦和不便。年少的思邈看在眼里，内心十分焦急。一天，父亲问他：“你长大后想要做什么？”他毫不犹豫地回答说：“我长大后一定要做个医生，治好您和妈妈的病。”父亲听了思邈这话，十分感动。孙思邈12岁开始做学徒。他几经周折，千辛万苦拜访良师，不断探索、钻研《黄帝内经》，熟悉药性，日积月累，具有了超群的医术，不仅治好了父母的病，还行医为乡亲们解除病苦。“孝”，可以激励一个人奋发图强，成就大业，因为它是一种发自内心的真情。古今有多少成功者，都从“孝”中汲取了人生的力量和勇气啊。

目录

目录

孝

尊亲立身之道

XIAO ZUNQIN LISHEN ZHI DAO

弊絮单席尽孝心

1 在中国封建社会广为流传的“二十四孝”中，记载了南朝一个叫江革的人的事迹。古代尽孝尽忠的人物故事为数不少，但能列入“二十四孝”并广为流传的却不多见。

2 江革自幼父母双亡，但人小志大，少年志成，自立自强，品德高尚坚贞，尤其聪明好学，常提出一些大人都难以解答的问题。

3 据说，他六岁时就能看懂古书并连缀字句写成文章了。因此，他深得父亲的器重。父亲认为江革必定是江家的希望，于是在他身上倾注了大量的心血，而江革从小就懂得孝顺父母的道理。

4 父亲的教诲和母亲的爱他都牢记于心，除了发奋苦读，他幼小的心灵认定了孝顺父母就是要听他们的话，实现他们的愿望。

5 不幸的是，江革九岁那年，父亲突然去世了。父亲一死，家道开始衰落。

6 但江革在少小失父、家道中落又没有老师的教导和帮助的逆境中更懂得发奋，他和弟弟江观互相督促勉励，刻苦学习，同时，把孝心都用在母亲身上。

7 由于家庭贫困，两兄弟宁肯自己忍饥挨饿，也要千方百计让母亲吃饱。看到母亲愁苦，两兄弟就想方设法让母亲心情舒畅。

8 就这样，少年江革便以孝行名传遍乡里，受到人们的赞誉。

9 可是到了江革十六岁那年，母亲也离开了人世。兄弟俩又一次遭受巨大的打击，他们抱头痛哭。

10 为母亲服完丧后，江革便下决心要对得起死去的父母，于是更加刻苦攻读，以实际行动来体现自己的孝心。后来，江革、江观一起进入太学，做了国子监生。很快，江革便以品高才优脱颖而出，受到齐朝中书郎王融、吏部郎谢朓的重视。

11　特别是谢朓感叹江革的孝行和人品，对他关心备至，时刻关心爱护着这位大孝子。

12　有一次谢朓外出路过江革的住所，顺便去看他，此时正是严冬季节，天上纷纷扬扬地下着大雪，但见江革在陋室内披着破旧的薄被，身下铺的是冰冷的竹席，正在孜孜不倦地研读。

13 此情此景令谢朓十分感动。他立即脱下自己的棉衣给江革穿上，又把自己随身带来的毡毯割下一半盖在江革身上。

14 江革对父母的孝敬就表现在他不辜负父母的期望，苦读多学也是为了让父母为自己有这样的儿子而自豪。

15 父母故去后，他依然不忘父母的恩情，虽然不能再亲手服侍父母，但他担负起照顾弟弟的责任。江革的弟弟江观也同哥哥一样，对兄长百般尊敬，千般爱护，两人深厚亲密的手足之情令外人感动不已。

16 江革由于才品兼优，一度做了征北将军的记室参军，兼领中庐县令。去上任就要离开手足情深的弟弟，他舍不得走，弟弟也不忍与哥哥分别，但他不愿意哥哥为了照顾自己而耽误了前程，便要放弃学业和哥哥一起去上任。

17 他们的事感动了江革的上司，最后，他为江观争取到记室参军的工作。兄弟两人皆大欢喜，一同上任，一起供职。

18 可是祸从天降，途经武昌时，江观染上疾病，尽管哥哥江革精心照料，但终因病情太重，离开人世。兄友弟悌，尤其是在父母双亡、两人相依为命多年以后，失去自己正当青春年华的弟弟，江革简直痛不欲生。

19　当时著名文人沈约和任昉在他们的诗文中都极力夸赞了江革及其弟弟江观。他们把江氏兄弟比作神龙和骐骥，可见人们对江革兄弟的褒奖。

20　江革的弊絮单席刻苦攻读源于对父母的孝心。在他眼里，对长辈尽孝不仅要精心侍奉好父母，出人头地为家族和父母争光，还要手足情深，兄弟和睦。

孝

尊亲立身之道

XIAO ZUNQIN LISHEN ZHI DAO

曹娥寻父投东江

1 东汉时期江南有一位妙龄少女，她的名字叫曹娥。她不是因为模样俊秀而出名，也不是因为知书达礼而流芳百世，而是因为她寻父勇投东江的孝行赢得了人们的赞誉。因此，曹娥的名字、曹娥的故事、曹娥投江的传说从古到今，世世代代流传下来。

2 曹娥出生在浙江东部的上虞县，在她幼小的时候，母亲曹氏因病重没钱医治去世，从此她和父亲相依为命，过着清苦的生活。

3 父亲曹盱，是一位民间乐师，如当地百姓人家有什么红白喜丧之事，都请他吹弹演奏。自从妻子病殁，他把全部的爱怜都倾注在女儿曹娥身上。

4 几年过去了，一些好心的人劝说道：“曹乐师，你还是续弦娶一个吧！”曹盱摇摇头，深情地回答：“我是穷卖唱的，三教九流之辈，哪有钱！再说，女儿够苦的了，怎能再给她幼小的心灵添创伤。”

5 为了女儿，他学会了《阳春白雪》等著名曲子，经常忍着内心的悲痛给富贵人家弹琴吟唱，赚钱抚养她。

6 俗话说："穷人家的孩子早当家。"自从母亲离开人世后，曹娥好像个小大人似的，懂事早，手脚勤快，五六岁时已能为父分忧，打扫房间，料理家务，精心整理父亲的乐器、乐谱。

7 每到清明节前后，她天天站在门口，把早已准备好的琴、箫等乐器抱在怀里。当父亲接过乐器，走出家门，为祭祀活动奔忙时，小曹娥的眼睛里就充满了酸涩的泪水。

8 春去冬来，岁月流逝。曹娥长到十岁的时候，出落得像个大姑娘似的，红嫩的双手能编织，水汪汪的眼睛能解人意。父亲看在眼里，喜在心上，对未来的生活滋生着希望和祈盼。左邻右舍也都夸曹娥是个懂事的好孩子。

9 四年以后，即曹娥 14 岁的时候，又赶上了五月五舜江迎接潮神伍君的活动。

10 一天夜里，曹娥睡醒一觉后，发现父亲房里的油灯还亮着，便悄悄来到父亲的身旁，问道：“爹爹，您有心事？夜这么深了，您怎么不睡？”“我睡不着，明天的迎潮神赛会，我要给人家击鼓助威，会回来得很晚，你一个人在家我不放心。”父亲缓缓地回答。

11“我要跟您去！别撇下我一个人在家，让我去吧！”女儿央求道。

12“不行啊！老规矩了。女人不能上船，不吉利呀！我会尽量早回来的。”父亲无可奈何地劝说着女儿。

13 第二天早上，父女俩依依惜别，父亲匆匆奔向东江边。不久，数十条龙舟竞渡，呐喊声、擂鼓声、笙笛琴瑟吹奏声响彻东江的两岸。

14 乐师曹盱忘记了疲劳，全神贯注地站立在一条前行的船的船头上，使尽全身的力气，猛敲锣鼓。当龙舟接近终点线时，江面突然刮来一阵狂风，船尾顿时倾斜。曹盱脚跟一歪，滑落到江中，湍急的江水在转瞬之间就把他卷冲得无影无踪了。

15 划船的人纷纷跳入江中，寻找啊，叫喊呀！好几个时辰过去了，仍然毫无结果……

16 曹娥知道父亲遇难的消息后，痛不欲生。当天夜里，她带着酒菜来到江边，双手捧着酒杯，眼泪汪汪地对着浩渺的江水说：“告诉我吧！我的父亲在哪里？奔腾的浪花啊！你不要拍打我父亲的身体，他太累了，请让我用一杯薄酒暖暖他的身心！”她在江边整整寻找了一夜。

17　一连十多天过去了，人们发现曹娥不见了。原来她投江寻父去了。她死后，当地人把舜江叫作曹娥江。县令度尚派人在江边修了一座庙，起名曹娥庙。

18　悠悠岁月，千古风情。曹娥寻父投江的故事广为人们传颂。在那个时代，孤身无依的少女孝敬父亲，勇于殉江是可以理解的。但人们在继承孝敬父母的传统美德的同时，也要摈弃封建礼教的愚俗，建立起新时代的伦理观。

孝

尊亲立身之道

XIAO ZUNQIN LISHEN ZHI DAO

吉翂为父申冤

1 梁朝时，冯翊郡莲勺县有一个叫吉翂的少年。11 岁的时候，他的母亲不幸去世了。他非常伤心，悲恸得连水都喝不下去，差点昏死过去。

2 吉翂对母亲的孝顺使亲属和邻居们都很吃惊，纷纷夸奖他：“吉翂这孩子真懂事！”

3 与他相依为命的父亲是个清廉的县官，但遭坏人诬陷，竟被判了死刑。年仅 15 岁的吉翂深知父亲冤枉，于是跑到官道上拦轿为父亲申冤。

4 在通往衙门的官道上，过往的大官儿的轿子很多。一有轿子过来，吉翂就扑倒在轿子前：“大人，行行好，替我父亲申冤吧！他是个好官啊！”说完，吉翂大哭。那哭声让过往的行人听了都很难过。

5 有一个大官儿终于受理了吉翂父亲的案子，却下令让他父亲过去的下属，一个小官吏审问他。

6 虽然吉翂父亲是清白的，但是他觉得让这些人来审问自己，是对自己极大的侮辱。为了不跟这些小吏纠缠，他含冤承认了被诬告的那些“罪行”。按照当时的法律，他这是必死无疑了。

7 吉翂没有办法，千里迢迢赶到京城（建康），敲响了朝堂门前的鸣冤鼓，表示愿意替父亲去死。

8 梁武帝心想，一个少年如此胆大而有主意，肯定有人在背后唆使，是在公开反对朝廷的判决。于是他命法官对吉翂严加审讯，要求务必查出他的幕后指使者。

9 这一天，主审官开堂审理，堂下摆满了各种刑具，两旁站着手持棍棒的差役。主审官声色俱厉地喝问：“你请求代父去死，皇上已经批准了，难道你真不怕死吗？你还是个小孩子，一定是有人唆使。如果你说实话，皇上准你改过。”

10 吉翂毫无惧色，沉着地回答：“我虽然年幼无知，但也知道死很可怕。我不忍心看见父亲遭受冤枉，所以请求替父亲去死。这么大的事情，我怎能受人唆使！既然皇上已批准我代父去死，让我有了尽孝的机会，我又有什么可后悔的呢？”

11　主审官看硬的不行，又来软的，装出一副和气的样子，欺骗吉翂说："皇上是菩萨心肠的人，他知道你父亲无罪，马上要释放他。你是个孝顺的孩子，只要说出受谁指使，你们父子俩都能立即释放。"

12　吉翂识破骗局，大义凛然地说："我父亲被判处死刑，已写在朝廷的文件上了，要改变恐怕是很难的，我已抱定一死，其他什么都不想了！"

13 主审官见软硬兼施都不奏效，最后只得动用各种刑具，百般拷打。吉翂忍着剧痛仍不开口。

14 主审官被吉翂的孝心和勇敢行为感动了。他认真地审阅了案卷，发现吉翂的父亲果然是冤枉的。主审官把自己了解的案情和吉翂在大堂上的表现如实报告给了梁武帝。

15 梁武帝大为惊奇，认为吉翂是个孝顺父母的奇少年。他立即下旨，放了吉翂父子。

16 地方官向乡邻调查吉翂的品行，想推举他为大孝子，吉翂听到后坚决谢绝了。

17　他说：“父亲受冤屈，作为儿子就应该去申冤。假如我这样做是为了捞取‘孝子’的名称，那同样是对父亲的侮辱。我绝不是这种沽名钓誉的下贱人！”地方官见此，也只好作罢。

18　一个年仅 15 岁的少年能挺身而出为父申冤已经是很令人敬佩的了，同时又能够拒绝名利的诱惑更是难能可贵。孝敬是一种发自内心的真感情，它是不可用名誉和声望去衡量的。正因为这样，吉翂的行为更值得后人学习。

孝

尊亲立身之道

XIAO ZUNQIN LISHEN ZHI DAO

恪守遗示葬孝经

1 公元 282 年秋季的一天，在西晋政权管辖的荆州城外，发生了一件引人瞩目的事情：有十几个青壮年护扶着两辆马车，缓慢地走到一片绿茵茵的草木丛中。

2 然后，由四位年轻人表情肃穆、行动庄重地从马车上抬下一具尸体，边走边诉："爷爷呵！您的灵魂安息吧！孙子们按照您的遗示，没有用棺木，没有雇吹鼓手，就这样简单地为您送葬，愿您老人家千古。"

3 另见一位四十开外的壮年人，精神恍惚，双手颤抖着从第二辆马车的辕头捧下一本精致的《孝经》，紧随那四位青年的身后，亦步亦趋，啜泣道：“父亲大人，儿子听您的话，把这本书放在您的身旁……”

4 不一会儿，这些人便把尸体安放进早已挖好的深坑里。然后用铁锹回填黑土，等到坑满地平时，他们在地面上撒种香草。

5 这样一来，地表上就一点也看不出有安葬尸体的痕迹了。

6 尸体安葬得这么简陋、奇特，这是为什么呢？死者又是谁呢？一时引起许多人的疑惑和议论。

7 死者不是别人，就是大名鼎鼎的皇甫谧。

8 皇甫谧祖籍甘肃，小时候，因叔父无子，他被过继给叔父，移居河南。因叔父家境贫寒，他白天下地干活，傍晚搂拾柴草，没有时间读书。

9 待他长到20多岁的时候，有一件事激发他发奋苦读。有一天，他手捧别人赠送给他的香果让婶母吃，婶母没吃，而是语重心长地说：“谧儿，真正的孝心并不在于你送我香果，而在于你立志求学，有一个好前程。”

10“只要你有出息，成为世人所尊敬的人，让我的脸上有光，我也就满足了。”听了婶母的话，皇甫谧深为感动。

11 从此，他遵从婶母的意思，拜席坦为师，刻苦学习。功夫不负有心人，当他40多岁时，大器晚成，著书立说，成为闻名遐迩的学者。

12 当时西晋盛行奢靡厚葬之风，皇甫谧对此深恶痛绝。他说：“古往今来，生生死死，本是世间常情。”

13　他在过世前立下遗嘱："我死以后，不要洗浴、不着新衣、不用棺木、不准盛殓，只用草绳裹身，葬入土坑；《孝经》一本随放体旁，以铭父母养育天恩之志。还有，薄葬后，别忘填满深坑，坟土上面需种花草……"

14　皇甫谧的儿孙们谨守训示，只把他的遗体与一本《孝经》埋入深土坑中。

15　当时，不理解的人为数众多，尤其是那些达官贵人在私下嘲讽讥笑："啧啧，又不是缺这几个钱，干吗弄得这么寒碜，再过几年想祭奠这老头恐怕连地方也找不到啦。""唉，真是丢人现眼，何苦呢？"

16　可是，皇甫谧的儿孙们不为风言风语所动，他们在心里始终没有忘记这位为世人尊重的长辈。

17 并且记住他说的话：孝敬老人不光是给吃给喝，恭恭敬敬，更重要的是理解老人的心愿，让老人为有出息的好儿女而感到自豪。

18 开一代新风的人最为高尚，皇甫谧就是这样的人。他敢于向世俗偏见挑战，带头薄葬，反对盛殓，挞伐了封建时代的陈规陋习，如同他求学立业的事迹一样，赢得了后世的褒奖。皇甫谧的儿孙们谨守遗训的行为，不也体现了一种真正的孝行吗？

孝

尊亲立身之道

XIAO ZUNQIN LISHEN ZHI DAO

郯子扮鹿取奶

1 远在两千多年前的春秋时期，在鲁国一个偏僻的小山村，住着一个名叫剡子的少年。他个头不高，却十分勇敢机智，特别孝敬父母，村里的大人、孩子都很喜欢他。

2 剡子家境贫困，全靠父母日夜操劳，一家人才勉强得到温饱。岁月流逝，剡子的父母老了，身体大不如前。而随着剡子一天天长大，他变得更加懂事，总是想方设法为父母分忧。

3 他每天天刚蒙蒙亮就起床，帮助父母担水、做饭、打扫院落。一家人吃过早饭，他便背起绳索，拎着斧头上山打柴。

4 山野里生活着一群野鹿，它们经常站在远远的地方惊奇地看着剡子，而剡子在伐木的间隙也总是友好地向鹿群招招手，学一声鹿鸣。剡子模仿得惟妙惟肖，时间长了，他与群鹿成了好朋友。

5 长年的劳累使剡子父母的身体越来越弱，二老的眼睛都快失明了。

6 这一来可急坏了剡子，他进山为父母采来各种药材治病，但是总不见效。

7 一天，剡子的父亲偶然说起："我很小的时候，吃过一次鹿奶，鹿奶的味道真不错，听说对人的眼睛很有好处。如果能有鹿奶吃，眼睛也不会坏成这样。"母亲在一旁也补充说："我也听老一辈人说过，鹿奶对人的身体很有滋补作用。"

8 有心的剡子听了这番话，暗暗动起脑筋来：既然鹿奶有那么神奇的功效，何不弄些来让父母吃呢？但是，怎样才能弄到鹿奶呢？

9 忽然，他灵机一动，想到了山里那群野鹿，自己如果能扮成小鹿混进鹿群，就一定能够采来鹿奶。郯子为自己想出了这么个绝妙的主意而高兴万分，但为了不让父母担心，他没有对父母讲。

10 第二天，郯子提了一个小罐，带着从猎人那儿借来的鹿皮进山了。老远，郯子就看见那群野鹿在静静地吃草。郯子伏下身去，将鹿皮披在身上，装扮成一只小鹿，悄悄地混进了鹿群。

11 剡子知道，平时温驯可爱的鹿一旦发起怒来，也是非常可怕的，所以他小心翼翼，生怕露出破绽来。

12 他爬到一头母鹿身边，开始轻轻地向罐中挤奶。他的动作轻柔，母鹿还以为是一头小鹿在吃奶呢。剡子顺利地挤了一罐奶，然后，为了不让鹿群发现，他又爬行着离开了鹿群。

13 剡子回到家中，高兴地让二老喝他带回来的新鲜鹿奶。二老惊奇地问他是怎么弄到的，他这才把自己扮成小鹿取奶的事告诉了他们。父母非常担心，劝他以后不要再去了，剡子却说：“只要你们的身体一天天好起来，我吃点苦算不了什么！”

14 从此，剡子一次次地进入深山老林，混进鹿群去挤奶。不知是剡子的孝心感动了上天，还是鹿奶确实具有神奇的功效，父母的身体真的一天天好了起来。

15　一天，剡子刚挤了半罐奶，忽然传来一阵急促的马蹄声，受惊的鹿群四散逃走，只剩下剡子还在原地没有动。原来，是猎人们来到山林围猎，他们拈弓搭箭刚要射向剡子，剡子急忙掀掉鹿皮，站了起来，“别射，我是人。”随即，剡子把自己为父母取奶的事告诉了猎人。

16　猎人们大吃一惊，同时也为剡子至诚的孝心所感动。不久，剡子扮鹿取奶孝养双亲的故事在当地传为佳话。装扮成小鹿去采收鹿奶，既艰难，又危险，可是孝子的赤诚是超越艰险的，所以它能常驻天地，永留人间。

孝

尊亲立身之道

XIAO ZUNQIN LISHEN ZHI DAO

仇览劝人敬寡母

1 东汉时，有个叫仇览的人，他善解人意，劝人行孝，教化家庭成员相互体谅，虽然只是个亭长，管着十里八村的事情，但却深受乡里民众的拥护。

2 每逢冬季农闲时候，乡里的年轻人无事可做、四处游荡，仇览就把他们组织起来，自己出面请来私塾先生教他们读书，让他们知书达理、知诚知孝。

3 在他的管理下，管区内家家安居乐业，户户睦邻友亲。最值得一提的是，仇览非常重视管区内的家庭内部关系，教化青年人要孝敬、赡养老人，老人要教育儿女，使得老有所养，少有所教。

4 一次，一位老寡妇找到仇览后哭诉：“我儿子陈元对我不孝。”仇览说：“我前几天从你家门前经过，看见到处都收拾得干干净净，你家的庄稼也侍弄得很好，该干的活都干了，又没有听说他虐待你，怎么能说你儿子不孝呢？”

5 老太太说："不是因为这些。""那是因为什么呢？"仇览问。

6 老太太说："我年轻时守寡，一把屎一把尿把他拉扯大，这容易吗？可现在他长大了，我也老了，他整天只知道干活，我自己孤零零地守在家里，难得和他说上几句话。人老了最怕寂寞，他却不能了解我的心思，从来不知道抽点时间来陪我说说话，所以我说他不孝。"

7 仇览一听，心中明白了，便劝解她："您儿子陈元是很有孝心的。他起早贪黑地干活，不正是为了很好地孝敬您吗？他终日劳累，回家后与你唠嗑不多，你做母亲的也应当理解自己的儿子。当然这也说明我关心您老人家不够啊！"

8 陈元的母亲听了，觉得很有道理，就高兴地回家去了。

9 当天晚上，仇览来到陈元家，与他们一起吃晚饭。

10 仇览对陈元说："你母亲从小把你养大，吃了很多苦，现在老了，一个人在家很孤独，你要体谅母亲的心情，以后多和老人家说说话，唠唠家常。"

11 陈元说："今天我才知道孝敬老人不仅仅是让他们吃好的，穿好的，更重要的是排解他们的寂寞孤独。你放心吧，我知道今后该怎么做来报答母亲的养育之恩。"

12 此后，母子非常和睦，陈元成了远近闻名的大孝子。乡里人还编了一首歌谣来赞颂他：父母在哪里，就在我厅堂，能教无知者，不忘亲生娘。

13 还有一个叫单元的人，从小就死了父亲，也是母亲把他养大。可是，他对母亲却不孝敬，什么活都让母亲去干，还经常对母亲发脾气，母亲常常独自伤心流泪。

14 一天，单元的母亲哭着来找仇览，向他诉说了这一切。等单元的母亲走后，仇览找来单元，对他说："单元，你自幼丧父，是谁养你到今天？"

15 单元低着头回答说：“是母亲呗！”仇览又问：“现在母亲老了，已经干不动活了，可你还让母亲干活养活你，这是当儿子的应该做的吗？你经常对母亲发脾气，这难道是儿子应该对待母亲的态度吗？”

16 一席话说得单元无言以对。仇览又给他讲了许多孝敬母亲的道理。临走，还送一本《孝经》让他回去读。

17 单元回到家后，跪到母亲床前说："母亲从小把我养大，如此疼爱我，可我对母亲这般不孝，我实在对不起您。现在我悔悟了，请母亲准许我今后改正。"于是，母子俩抱头痛哭。单元从此变得本分了，孝顺了。

18 人都有父母，可有的人孝顺，有的人不孝顺。能有一个人劝解人们都孝敬自己的父母，这对天下父母来说，不是更大的孝顺吗？

孝

尊亲立身之道

XIAO ZUNQIN LISHEN ZHI DAO

李密孝祖上『陈情表』

1 三国时期有个叫李密的人，曾在晋朝做官。他文笔很好，著名的《陈情表》就出自他的笔下。

2 相传，李密幼年经受了许多生活的磨难。很小的时候，父亲就撒手离开了人世。父亲一死，家中就失去了顶梁柱。

3 在那个时代，女人是不能主宰自己命运的。李密的舅舅见妹夫死了，就逼迫年轻守寡的妹妹改嫁他人。这样，母亲也离开了他，李密成了孤儿。这对于一个年仅四岁的孩子而言，无疑是一次人生最大的打击。

4 从此，李密就与祖母一同生活，相依为命。祖孙俩一个老，一个小，常常是饥一顿饱一顿地勉强过日子。他们住在破旧的茅草屋中，家徒四壁，冬天北风一阵阵刮进来，无情地打在李密和祖母身上，生活艰难极了。

5 幼小的李密在这种困境下生活，锻炼出一种顽强地同生活抗争的能力。祖母含辛茹苦抚育着李密，李密也很懂事，主动分担祖母的忧愁。

6 他对祖母产生了深深的眷恋和挚爱，尽量不让祖母为自己操心。他学习刻苦，在当地名士谯周的教诲下日渐成熟，越来越有见识。后来，他的学识远近闻名，他自己也开门讲学。

7 他对学生就像老师谯周待自己一样，严格要求，循循善诱，更主要的是用自己的人品教育、影响学生。

8 他最大的特点就是对恩重如山的祖母极尽孝道，谨慎地服侍老人，从不惹老人生气。老人生病，他就精心地侍奉，端汤送药，晚上都衣不解带，终日守候在祖母身边。

9 由于李密人品、学识俱佳，远近闻名，很受人们尊敬，因此，西晋统一天下时，晋武帝司马炎就准备招这位蜀中的名士入京做太子的老师。无疑这是最荣耀的事，但面对诏书，李密却犹豫起来。

10 他首先考虑的不是马上就能扬名四方，而是想到自己的老祖母。祖母已经年迈，更需要有人在身边照料。回想起祖母把他从四岁开始抚养成人到成才的经历，时时刻刻铭记心中，没有祖母，就没有自己的一切。

11 现在虽功成名就，但最重要的是侍奉祖母安度晚年。经过几天的反复思考，他伏案疾书，写成那篇流传后世的《陈情表》。

12 文章词句华美、真情涌动，从自己幼年丧父，孤苦无靠，祖孙两人茕茕孑立，谈到家中门庭冷落，祖母耗尽心血，年老体衰，晚年需要自己的悉心照料。写完后，呈给皇上，以婉拒皇帝的征召。

13　皇帝看了《陈情表》，从字里行间感受到李密对祖母的那份挚爱和尽孝道的决心。

14　文中写道：是祖母造就了今天的李密，而现在祖母又实在是离不开自己，怎敢在祖母最需要的时候离家远走、另附高枝呢？

15　另外，自己正值壮年，为国效忠的机会和时间还很多，而祖母已九十有六，风烛残年，报答她老人家的日子不会太多了。

16　皇帝被这情真意切的语句所感动，感到李密实在是个既懂尽忠更懂尽孝的君子，就答应了他的请求，暂不召入京，以便让他侍奉祖母，终其天年。

17 此后，每每提到这件事，司马炎都要感慨地说上一句：“李密孝名远扬，确实名不虚传啊。”

18 就这样，李密一直守候在祖母身边，端茶送水，穿衣吃药全由他来侍奉，使祖母晚年过得很幸福。

19 后来，祖母善终，李密痛哭一场，妥善料理完一切后事，才赶往京城洛阳赴任。他做过县令，由于品行端正，口碑极佳，老百姓都夸他是清廉自守的好官，而他的孝子之名也越传越远。

20“孝”是中华民族的传统美德，在李密这位古人身上折射出来的光辉一直感动着后人。他的可贵不仅在于他具有为官的才华和为官的能力，也不仅在于他勤学刻苦的精神，而更在于他对长辈的那种知恩图报、弃官不做极尽孝道的操行。

孝

尊亲立身之道

XIAO ZUNQIN LISHEN ZHI DAO

殚精竭虑安父心

1 千百年来世人只知道苏轼是北宋时的大文学家，对他明白畅达的文笔惊叹不止，对他清新豪健的词篇赞扬无比，殊不知，他在家中还是个大孝子呢。

2 苏轼的父亲苏洵，是著名的唐宋八大家之一，他撰写的文章汪洋恣肆，独具一格，深受朝野的尊崇。可是，他晚年积劳成疾，重病缠身，经常饭吃不进，觉睡不好，唉声叹气，郁郁寡欢。

3 苏轼看在眼里，就想尽办法请了许多名医替父亲治病，而且还亲自研究医书，希望对父亲有所帮助，但这些都没能使父亲的病有什么起色。

4 有一次，他又请来一位名医替父亲诊脉疗体。当名医走后，父亲说："轼儿，你的孝心为父我心领了。我整天躺在病床上，闷得很，你能不能找些书来让我读读，这比什么药都灵验。"

5 苏轼一听就高兴起来，说："家里的藏书仅次于书院。您说吧，要看什么书？"

6"唉，家里有什么藏书我还不晓得？有哪本是我没看过的？""是呀！您都看过了。"苏轼沉思了一会说："那我到外边给您找几本，一定又新鲜又有味道，保证合您的口味。"

7 苏轼找遍了亲戚、朋友家，又去了几家藏书颇丰的书院，一连两天还是没有找到一本中意的书。苏轼心里有些懊恼，心想：没有合适的书给父亲看，他会闷坏的，怎么办呢？

8 苏轼在书房中来回踱步，想着该上哪儿去找书。无意中他看到了书案上放着自己写的《沁园春》。他想：父亲平日里总是喜欢指点我写文章，不如就把这《沁园春》拿去由他老人家批阅吧，也许父亲会很高兴的。主意打定，他轻轻地走到父亲的病榻跟前。

9“孩儿一时没找到您中意的书，可否请您批阅、指点拙作？”

10“可以！但你还是再找找，去借一些有趣的解闷书让我读读也未尝不可。”

11“借！”这个字猛然提醒了苏轼：我何不自己撰写几篇生动有趣的故事呢，一来让他老人家开心解闷，二来也好借此让父亲评点自己的文章。

12 苏轼打定主意后就专心写起小故事来。他开动脑筋，想起了唐僧西天取经的事，于是编织了各种情节，调动了各路神魔鬼怪，把唐僧如何奉命取经路遇艰险等传说、趣闻编纂在一起，晚间想好了，白天就写一段，写好了就送给父亲阅读。

13 苏轼对父亲说：“请原谅，父亲，朋友家有一本奇书，可他因书珍贵，不太乐意借，我只好每天抄写一部分拿回来给您读，您看行不行？”父亲乐呵呵地说：“行，行。”

14 就这样，苏轼一篇接一篇地写下去。为了写好每一篇小故事，他费尽心力，常常构思到深夜，写的时候也是一遍又一遍地修改，唯恐故事不生动，引不起父亲的兴趣。

15 苏洵读了一篇，又想读下一篇，越读越想读，而且还不时地指出一些不当之处，提出自己的看法，他完全被这些精彩的小故事吸引住了，心情逐渐舒畅起来。

16 天长日久，苏洵的病情大有好转，早已把病痛抛到九霄云外去了。苏轼每次都认真听父亲的评点，文章写得越来越好。

17 后来，苏家仆人把一篇篇的小故事收集起来，流传开去。

18 苏轼殚精竭虑安父心的故事是感人肺腑的，从中我们看到了苏轼高尚的人格。

孝

尊亲立身之道

XIAO ZUNQIN LISHEN ZHI DAO

杜环义奉常母

1 杜环，明初官吏，金陵人。

2 杜环的父亲杜一元有位朋友常允恭时任兵部知事。常允恭在九江死后，家境逐渐衰败。他的母亲已60多岁了，孤苦伶仃，无人奉养。

3 有认识常允恭的人，可怜常母年老，告诉她：现在的安庆太守谭敬先是允恭的好朋友，你前去投奔，念及与允恭旧日的交情，他一定会照顾你的。

4 于是，老夫人坐船到了谭敬先处。可是谭竟婉言谢绝，不肯接纳。

5 老夫人处境非常窘迫。想到允恭曾在金陵做过官，亲朋好友或许还有在那里的，去那里也许能有点希望。可是她到了金陵后，一个相识的也没有找到。

6 这时，老夫人想起了常允恭的生前好友杜一元，就四处打听他家在什么地方。知道情况的人说：“杜一元已经死了很久了，他的儿子杜环还在，家住鹭洲坊中，门口有两棵柳树可以辨认。”常母穿着破旧的衣服，又冷又饿，走投无路，只好抱着一线希望来到杜环家。

7 此时杜环正陪着客人，见到常母这副样子非常惊讶。杜环扶着老人坐下，常母便把遭遇哭着告诉他。杜环听着也流下了眼泪，对老人行了晚辈之礼，又呼唤妻子和孩子来行礼。

8 杜环的妻子马氏拿来自己的衣服给常母换上，又捧来粥让常母吃。

9 常母问起平素较为亲近的老朋友和她的小儿子常伯章的下落。杜环知道她的老朋友都不在了，又不知常伯章的下落，只好婉转地安慰常母说：“不到别人家去，到我家来，这也是两位老人在天之灵把您老人家引导来的啊！希望老人家别见外了。”

10 常母见杜家也不富足，坚持要去找找其他朋友，杜环只好派一名家人随行。

11 天黑了，常母仍找不到熟人，只好返回，在杜环的热情挽留下，才安心住下来。

12 杜环像对待母亲一样地侍奉她，为她收拾了一间干净的房间，买来布料，让妻子替她缝制衣裳被褥，每天都做好可口的饭菜亲自给常母送去。常母患病，杜环和妻子亲自替她熬药，寸步不离地守候在她身边。

13 杜环还告诉家人，要顺从老人家的心愿，不要因为她处境困难就轻视、怠慢她。

14 就这样，常母在杜家过着舒心的日子，身体渐渐好起来，但是她时时想念小儿子常伯章。

15　杜环每年都派一些人出去打听常伯章的下落，但是一直没有音信。

16　转眼间过了 10 年，常母已 70 多岁了，杜环也做了太常寺的赞礼郎。

17 这年春天，常母病得很重，杜环正奉皇帝的诏令到会稽举行祭祀典礼。

18 返回时，路过嘉兴，正巧遇上常母的小儿子常伯章。杜环惊喜交加，忙把常母这些年来的境况告诉他，最后说：“你母亲很想念你，她现在病得很重，你要早点去见她，也好了却她的一桩心愿。”常伯章含糊地答应了。

19 又过了半年，常伯章终于来到杜家，他见常母年老多病、行动不便，竟找个借口一走了之，再也没有回来过。

20 杜环见常伯章不辞而别，没有抱怨什么，只是更加尽心地侍奉常母。

21 常母的病情越来越重，她想到这些年来杜环对待自己的千般好处，亲儿子却弃自己于不顾，禁不住时时流泪。

22 快要断气时，她拉着杜环的手说：“你比我的亲儿子还要孝顺，我拖累你了。”

23 杜环隆重地安葬了常母，每年还为她扫墓、烧香。

24 杜环奉养常母十几年，就像对自己的亲生母亲一样，为她养老送终，所做的事都是普通人的家常事。其实，孝的价值不正体现在人们司空见惯的“琐事”中吗？

孝

尊亲立身之道

XIAO ZUNQIN LISHEN ZHI DAO

夫妻同死尽忠孝

1 公元263年冬，川西平原上朔风阵阵，天气格外阴冷。成都城外布满魏军营帐，城下也时时可以看到敌人哨探的影子。

2 马上就要攻城了，军情告急，谁心中都清楚，蜀国灭亡只在旦夕。

3 城中百姓人心惶惶，随时准备逃命。

4 后主刘禅见形势非常紧张，于是召集群臣，商量对策。“陛下，莫如撤往阆中，据险固守，以图再复。”有大臣说，而应者寥寥。

5“陛下，莫如东投孙吴，联吴拒魏，待日后再起。”应者可数。

6 后主刘禅脑袋上冒着汗，哭丧着脸，望着众文武，不知如何是好。

7“陛下，臣启奏皇上。”一直在旁边转着圆眼珠拿主意的光禄大夫谯周开口了，他说：“今日之势，国必破。国破则君性命难保，莫如送去降书，开城投降，北归曹魏，以全性命。”

8 一些文武大臣也齐声附和。

9“是啊！这倒是个好主意。战又战不过，逃又无处去，看来也只好这样了。”后主刘禅这样想着，便命人写降书，准备送出城去。

10“父皇！万万不可投降。”从屏风后面走出一人，此人正是后主刘禅第五子北地王刘谌。

11 他颇具祖父刘备的遗风，平时对父亲刘禅的做法很是不满，几次劝谏，而刘禅总是不听。

12 在此国事危急之时，他再也忍不住了，只见他怒容满面，一把夺过降书，摔在谯周的脸上。

13 然后，他跪在后主刘禅面前，痛陈道："父皇，虽然魏军兵临城下，但我都城尚未破，国还未亡，岂能把祖宗基业拱手送与他人。"

14"想先帝辛苦创业，东奔西走，并无立足之地，后占荆州，取西川，始立国，方留下这块基业。今日父皇欲降曹魏，怎对得起先帝在天之灵！今日城已被围，莫如坚守城池，决一死战，胜则可保大汉基业，败则与城共亡，你我君臣父子，为祖忠孝两全。"

15 刘谌说着，不免长叹一声，禁不住泪流满面。

16 刘谌又指着谯周，怒斥道：“你等身为朝廷大臣，不辅佐父皇共保汉室基业，反而主张开城投降，怎算是忠……”一番话说得众大臣都哑口无言。

17 后主刘禅投降之心已定，不等刘谌说完，就命人把他拖出宫外，然后慌忙派人带着玉玺出城请降去了。

18 刘谌见已经无法说服后主，便只身来到祖庙，跪倒在先帝刘备的牌位前，失声痛哭，泪如雨下，边哭边说：“我未能说服父皇守住江山，是祖宗的不孝子孙。”刘谌的哭声凄凉、悲壮。

19　闻声赶来的百姓也都被北地王刘谌的忠孝所感动，想起国破家亡就在眼前，禁不住悲从中来，跟着跪地痛哭，一时哭声传出几里地远。

20　刘谌回到家中，决定以死报国，尽忠全孝，誓不偷生。他对妻子崔夫人说："父皇已决定投降魏国了。为了对先帝尽孝，我不能苟全性命于世上。"

21　崔夫人说："既然如此，我岂能一人活着做亡国之奴！我也愿随你一同去。"

22　于是，北地王刘谌对着供养先帝牌位的方向拜过之后，拔剑自刎。崔夫人也自尽而亡。

23 后主刘禅投降魏国之后，和五个儿子一起被送往洛阳，过那种“乐不思蜀”的日子去了。

24 而北地王刘谌虽然死去了，却得到了人们的敬重。

25 后人有诗写道：“君臣甘屈膝，一子独悲伤。去矣西川事，雄哉北地王！捐身酬烈祖，搔首泣穹苍。凛凛人如在，谁云汉已亡？”

26 是啊，连父皇都投降了，自己随着投降又有什么呢？然而，人活在世上，要对国尽忠，对祖尽孝，当国与家合二为一时，那就要忠孝两全了。

孝

尊亲立身之道

XIAO ZUNQIN LISHEN ZHI DAO

闵子骞保护继母

1 春秋年间，鲁国曲阜（今山东省曲阜）东南郊，住有闵姓一家三口人。父亲经营小本生意，母亲料理家务，有一个儿子才 3 岁，长得天真可爱，名叫闵损，字子骞。

2 在子骞 4 岁时，市郊闹起了肺痨（肺结核，是一种慢性传染病）。母亲得病后，经常夜间发烧、盗汗，咳嗽吐血。

3 父亲怕被传染，以外出经商为由，很少回家，而儿子子骞不顾这些，天天给母亲端水送饭，夜夜与母亲相伴。

4 这年秋天，母亲在弥留之际对子骞说：“我死后，你可别忘了做人的根本——与人为善，也别忘了做人的志向——学而时习。”母亲临终的嘱托，在子骞幼小的心灵里打下了深深的烙印。

5 转眼间又过了一年，父亲娶妻李氏。

6 开始时继母对子骞还说得过去，可是，等到继母生了两个儿子以后，逐渐虐待起子骞来了，剩饭残汤让他吃喝，旧布破衣让他穿。一来二去，街坊议论纷纷：“幼怕丧母哟，后娘多偏心！”

7 小子骞心里十分难过，背地里哭过好多次。

8 但他哭过后又想起生身母亲的教诲，就打起精神到私塾窗外偷听先生讲经论道。

9 天长日久，子骞也能背诵：“天下为公，讲信修睦”“恻隐之心，人皆有之，羞恶之心，人皆有之”等名句。

10 春去冬来，子骞长大成人了。他 15 岁那年的冬天，狂风呼啸，雪花被刮得满天飞舞。此时，子骞穿的是用芦花做的棉衣，风一吹浑身就冷冰冰的，而两个弟弟却都穿着新棉絮衣，又厚又暖和。

11 有一天，父亲外出，他们兄弟三人拉车。车过小桥后，行进在土路上。

12 他的两个弟弟面色红润，脸上不断地有热汗流淌，而他却浑身颤抖，面色灰白。他父亲一看很气愤，怒声骂道："你身为兄长，拉车偷懒。这么冷的天，走了这么长的道，你竟然一点热汗都没有！"

13 子骞用委屈的目光望着父亲，心里说：“粗心的父亲哪，你哪知道我的苦衷。如果我说出来，不仅弟弟要挨骂，而且继母……”想到这里，他低下头又使劲拉起车来。

14“好啊！你小子翅膀硬了，敢用眼睛瞪我。”父亲怒火中烧，扬起手中的鞭子朝着子骞的后背抽去。才用鞭子抽打了两下，棉衣便被抽破了，一团团芦花飞了出来，像天女散花似的飘落在地上。

15 父亲非常奇怪，拾起来一看，才恍然大悟：“儿子穿的是……错怪他了。”内疚使他丢掉了手中的鞭子，搂着儿子久久说不出话来。

16“子骞，快和弟弟一起把车掉过来，回家！找你继母理论，然后我把她休掉。”

17“父亲！这可使不得。”子骞一边说一边跪在地上哀求，继续说道，“母亲在，只有我一个人受寒冷；如果母亲离去，那我们兄弟三人都要孤苦冷寂。”

18 站在车旁的两个弟弟也跪在地上，流着眼泪哀求道：“哥哥所言极是，乞望父亲宽恕母亲吧！”父亲见他们说的话婉转而近情理，就把休妻的念头打消了。

19 继母听说了子骞劝父的一番话后，非常惭愧，决心痛改前非，待闵子骞越来越好，胜似亲生儿子。

20 闵子骞后来成为孔子的弟子，受到了人们的尊敬。孔子曾称赞他说："孝哉闵子骞，人不闲于其父母昆弟之言！"这是说闵子骞上事父母，下顺兄弟，言行举止，莫不求善追美，因此旁人绝不会讲他闲话的。

孝

尊亲立身之道

XIAO ZUNQIN LISHEN ZHI DAO

泮周岱夜取泉水

1 清朝时，安徽省泾县有个年轻的竹器工人，叫泮周岱，他是当地有名的孝子。

2 他和父亲同在一家竹器作坊做工。作坊里的活轻重不均，每天领活时，他都把父亲的重活抢过来做，而把轻活留给父亲。

3 一次，父亲干活时砸伤了脚，蛮横的坊主非要让父亲来上工，而且按作坊里的规定，误工超过一定期限，就会被取消做工的权利。父亲为此整日愁眉不展，泮周岱却笑着安慰父亲说：“您不用担心，有我在，我可以背着您去上工嘛！”

4 从此，泮周岱每天都背着父亲，来回走二十多里的崎岖山路上工、回家。

5 到了作坊里，泮周岱已经累得筋疲力尽了，还得马上去领活来做。他每天的辛苦程度是可想而知的，但他从不叫苦叫累，一直坚持背到父亲能够自己走路了为止。

6 父亲年纪大了，坊主就把他辞退了，全家的生活重担都落在泮周岱一个人身上。他拼命地干活，尽全力多挣些钱，好让父母安度晚年。

7 为了让帮工多卖力干活，竹器坊坊主有时也拿出酒肉来犒劳工人们。每当此时，泮周岱总是把自己的那份悄悄包起来带回家去。

8 开始，帮工们都在背地里说他小气，还有的说他不合群，不够朋友，而泮周岱对此总是一笑置之，从不为自己申辩。

9 后来，工友发现他是将酒食带回去孝敬双亲时，都对他大加称赞起来，有时还让他多带上一些。

10 就连刻薄的坊主听说后，也拍着泮周岱的肩膀，敬佩地说："泮周岱，你是个孝子，好样的，我今后一定不会亏待你的。"

11 劳累了一天后，回到家，他总是等父母吃完饭后自己才吃。遇到粮食紧缺时，他更是尽心竭力让父母吃到像样的饭菜，自己却经常吃糠咽菜，省下粮食来奉养父母。

12 母亲病了，他在床头侍奉，不离左右。

13 一天，母亲生病了。她半夜口渴，不禁自言自语道：“小时候，房后是一座大山，山上有个清泉，那泉水真好喝啊，可惜现在喝不到那么好喝的泉水了。”

14 说者无心，听者有意，泮周岱安慰了母亲几句，便悄悄走出房门，拿着牛皮水袋心急如焚地上路了。

15 月明星稀，似乎连月亮都被泮周岱的孝心感动了，静静地洒下满地银辉，为泮周岱照路。寂静的山路上，只有泮周岱一个人急匆匆地走着，他真恨不得能插上一双翅膀飞到那股清泉旁。

16 但无情的大山为他设置了无数的障碍，山路崎岖，林深草密，凄厉的狼嗥声不时划过夜空，而此时的泮周岱心中只有卧病的母亲和那如灵丹妙药一般的泉水。跌倒了，他顾不上拍拍身上的土，爬起来继续赶路；衣服被荆棘挂得丝丝缕缕，他顾不上停下来检查自己的伤口。

17 终于，他来到那眼泉水旁。顾不上休息，他拿着盛满水的牛皮水袋又踏上了回家的路途。

18 清晨，疲惫不堪的泮周岱回到母亲的身旁，他只说了一句“娘，我带回您要喝的泉水了！”就再也说不出话来了。

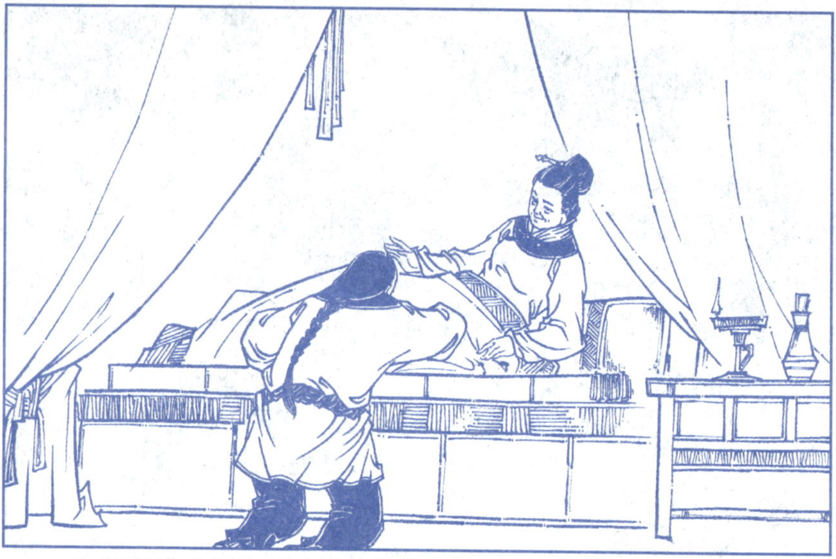

19 母亲感动得流下了热泪。喝着清新的泉水，母亲心里格外地甜，这水里有儿子那一片赤诚的孝心啊！

20 泮周岱深夜为母取泉水的故事不胫而走，传遍了乡里。

21 后来，清政府还专门表彰了泮周岱这位孝顺父母的穷苦竹工。

22 孝，往往并不在于惊天动地，而是体现于生活中的平凡小事。像泮周岱这样为老母节省自己的口粮，不辞辛苦去取泉水，看上去虽是家常事，但却更真实地展示出这位孝子的赤诚之心。

孝

尊亲立身之道

XIAO ZUNQIN LISHEN ZHI DAO

子路背米孝双亲

1 子路是孔子的学生。他性格豪爽开朗、好勇，武艺高强，却从不欺负弱者，而是尊老爱幼，是乡里有名的大孝子。

2 子路早年家里很穷，常常以糠菜充饥。他认为家庭越贫寒就越应想方设法孝敬父母，尽心尽力地去侍奉，让父母少受些苦。他常常自己吃野菜或灰菜做的面团子，却设法让父母吃上米饭。

3 后来，家境稍有好转，子路对父母更是照顾备至，尽子之孝道。

4 一天，子路去50里外的陬邑做买卖，见集市上卖一种米，白白的，粒粒晶莹如珠玉。子路问："这是什么米？"同行的人告诉他说："这叫稻米，用它做出的饭香甜可口！"子路又打听了一下米价，比平常的粟米贵了很多。

5 子路想，何不背回点让二老尝尝，只要二老高兴，贵贱是小事。于是他就买了一口袋米，走了 50 里山路背回家，给父母煮出香喷喷的白米饭。

6 二老边吃边赞不绝口："稻米饭真好吃啊！"子路见二老这样喜爱白米饭，就经常去陬邑背米。

7 后来，子路得知孔子收徒讲学，就前往拜师学习。由于他勤奋刻苦，很快成了孔子的得意门生。

8 可就有一件事让先生不满意：每隔一段时间子路就要请假回家。

9 一天，孔子问子路："你为什么每隔一段时间就要请假回家，家里是不是有什么事？"子路见先生问起这事，忙行礼回答："先生不知，学生的二老最爱吃陬邑的白米饭，学生每隔一段时间就得去陬邑背米，孝敬双亲。为这事，学生才请假，请先生原谅。缺的课程我会尽力补上的。"

10 孔子听了，深为感动，并夸赞他说："子路真是个大孝子啊！"

11　子路常对人说，背着沉重的包袱走远路的人，休息时从不选择地点，因为太累呀！双亲年迈、家里又很穷的人，找工作时不会计较挣钱多少，因为急需要钱。

12　所以，不管多粗重的活他都干，为的就是挣钱给双亲买稻米；虽然要背着米走 50 多里的山路，但只要想起双亲吃着白米饭时高兴的样子就疲累顿消。

13 二位老人去世以后，子路到了楚国，受到楚国重用，曾显耀一时。

14 他吃饭时，面前要摆好多食物，每顿都要浪费许多。

15　贫穷之时，子路孝顺父母尽心尽力；富贵之日，子路更时刻怀念双亲。他说：“我真希望父母能同我一起享受欢乐的时刻，可是再不能得到了。”

16“‘枯鱼过河泣，何时悔弗及。’二位老人寿数有限，儿子想要孝敬老人，可是二位老人不能等啊。”

17“就像草木想着不凋谢，可是霜露不允许啊。老人在时，我没有能力让老人过上好日子，以尽孝，时机一过，后悔也没有用了。”

18 孝敬双亲往往体现在一些小事上，更难能可贵的是持之以恒。子路年复一年地干粗重的活挣钱，往返上百里的山路背米，为的就是能让双亲吃上可口的白米饭，这种孝心感人至深。

孝

尊亲立身之道

XIAO ZUNQIN LISHEN ZHI DAO

千里寻母尽孝心

1 明世宗嘉靖年间，有个叫丘绪的人，他不仅有学问，而且很懂孝道。关于他历尽千辛万苦寻找亲生母亲的故事，在当时为人所称道，并流传后世。

2 丘绪生母为黄氏，原是丘绪生父的妾，由于地位低下，时常受正妻的欺辱。终于有一天，她被赶出家门，流落街头。迫于生计，黄氏嫁到江东一个包姓人家，但不久又离开包家，从此音讯皆无了。

3 当时，丘绪年幼，对这一切一无所知，对母亲的朦胧记忆很快随着岁月的流逝而淡忘了。

4 他由父亲的正妻佘氏抚养成人，把佘氏当成自己的亲生母亲。

5 余氏生病，他服侍左右，端汤送药，极尽孝道。

6 后来余氏病重，他为了服侍好余氏，竟几个月衣不解带地守候其旁。这一切，令余氏大为感动，临死之前她拉着丘绪的手道出了事情的原委。

7“我快不行了，你千万别忘了你的亲生母亲，想办法和她团聚吧……”这时娘俩都泣不成声。

8 丘绪的心情十分复杂，看着已近弥留之际的余氏，回想她待自己视如己出，又想到苦命的亲生母亲至今不知流落何方，心里难过极了。这时距他生母被赶出家门已有20多年了。

9 不久，余氏去世了，丘绪妥善料理好她的后事。他思母心切，决定外出寻找生母。

10 一路上，丘绪不断打听母亲的下落。一天，他听说江东包家的马夫知道一些情况，便急忙赶去追问母亲的下落。马夫说：“有个叫周平的军士知道你母亲的事，但他随军调防到京城去了。”

11 人海茫茫，京城又这么大，要找一个人真好比大海捞针，过了很长时间，仍没有一点消息。

12 又过了几个月，一个下雨天，有人在丘绪姐夫家门前避雨，听此人的口音是浙东鄞县人。

13 他姐夫不禁一喜，赶紧上前一问，巧得很，此人正是踏破铁鞋无觅处的周平。据他讲，黄氏已嫁给台州李副使的儿子了。

14 得到这一消息，丘绪非常兴奋，立即动身赶往台州。经查访，他得知李副使的儿子已经过世，黄氏走了。这一重要的线索就这样又断了。

15 满怀希望而来，奔波数日却毫无结果，丘绪失望到了极点，眼泪又止不住流了下来。

16 旁人看了都不禁为他至诚的孝心感动，有个知情者便把他领到一个叫王四的媒婆家里。

17 王四告诉丘绪，黄氏又改嫁到仙居的吴家去了。

18 仙居吴姓是个大族，人口众多。丘绪来到仙居吴姓聚居区后，也只能抱着一线希望边走边问，就这样过了很长时间仍一无所获。

19 当地有个叫吴康朗的读书人很同情丘绪，就让他住到自己家里。

20 吴康朗将丘绪寻母的缘由向婶母讲述了一番，万没想到，这个老太太正是黄氏已故吴姓前夫的母亲。她知道黄氏的一些情况，但对黄氏后来的去向也不清楚。

21 这时，吴家一个旧日的仆人说，黄氏已经死了，棺木就停放在金鳌寺。

22 丘绪悲喜交加，喜的是终于有了生母的下落，悲的是和母亲已是阴阳永隔了，他不禁痛哭失声。

23 从吴家出来，丘绪心绪不宁，神情恍惚地向金鳌寺方向走去。他一不小心踏空从山坡上滚了下来，掉在山脚一户人家门口。

24 这家主人得知丘绪寻母的经过，就安慰他：“我原来认识潘云县苍岭下的一个妇人，她的身世与你母亲相似，你不妨去看看。”

25 丘绪不顾伤痛，立即来到苍岭下，到处打听。有一天，他见一户人家门口有个老太太，便上前询问。

26 没想到老太太正是鄞县人，他便将自己寻母的情况说了。老人一惊，急忙问他丘家的情况，并失声痛哭，原来老人就是丘绪日思夜想的生母。当下，母子相认，拥抱着大哭，失散了 20 多年的母子终于团圆了。

27 黄氏现在嫁的是陈姓山里人，没有儿女，生活艰难，丘绪赶紧回去取钱把债还清，把母亲和继父接回家里，对老人极尽孝道。

28 丘绪千里寻母，历尽艰难，孝子之心令人感叹。这是中华民族传统美德的折射，它体现了母子亲情的深厚和至诚。丘绪千里寻母的故事也流传后世，为人敬仰。

孝

尊亲立身之道

XIAO ZUNQIN LISHEN ZHI DAO

扇枕温席传孝名

1 在东汉时，湖北云梦东南的江夏，出了一个名叫黄香的大孝子，他的孝行闻名天下，被人们誉为“天下无双，江夏黄童”。

2 黄香小时候，家境贫寒，经常吃不上饭，衣服也很破旧，小黄香却很懂事，从不让父母为难，很小就帮家里干些力所能及的活。

3 黄香9岁时，体弱的母亲因劳累而病倒了。眼看着她一天天地衰弱下去，家里却无钱医治，父亲是个老实巴交的人，急得唉声叹气，却一筹莫展。

4 终于有一天，母亲双眼含着泪水，一只手拉着父亲，另一只手拉着小黄香，泣不成声地说：“我的病看来是治不好了，阿香爹，阿香这孩子还小，你一定要照顾好他呀。”“阿香，”妈妈的泪水顺着眼角流了下来，“妈妈可真舍不得离开你呀。”

5“妈死以后，你……一定要听爹爹的话，你爹爹的身体不好，以后很多事就要靠你了……”小黄香很想跟妈妈多说几句话，可是刚叫了声“娘！”就已经满脸是泪了……母亲死了。

6 母亲的去世，使小黄香十分悲痛。他守在母亲的灵前，不吃饭也不说话，由于悲伤和疲劳，几天下来，身体就消瘦了许多。

7 可是，小黄香想，现在就剩下自己和父亲相依为命，万一自己再病了，父亲的担子不就更重了吗？于是，他就强打精神，白天帮助父亲打柴种田。

8 晚上则陪父亲聊天解闷。他决定把对母亲的思念之情，化作对父亲的孝敬和体贴，尽量不让父亲为自己操心，让父亲生活得更轻松一些。

9 小黄香家的房子非常低矮，夏天一到，似火的骄阳把房顶晒透后，热气聚集在小屋里，像蒸笼一样，让人喘不上气来。

10 每到晚上，屋里的热气长时间不能消散，再加上蚊虫的叮咬，让人无法入睡。小黄香想，父亲白天干活已经很累了，晚上再睡不好觉，长此以往身体一定吃不消。于是，每天吃完晚饭，黄香总是抢着洗碗。

11 然后，拿一把大扇子到父亲的屋里，先是打开门和窗户，用力把蚊虫和屋内的热气扇出去，再把父亲的枕头扇凉，好让父亲早些入睡。

12 每当他干完这些事以后，都是满身大汗。

13 看到这些，父亲总是非常心疼，劝黄香别扇了，早些回自己屋去休息。可是，黄香坚持天天如此，从未间断。

14 每到冬天，寒风刺骨，可是黄香家因为贫穷，没有任何取暖的器物。为了让父亲能睡好觉，小黄香每天先给父亲铺好被褥，然后自己脱下衣服，钻到父亲的被窝里，用自己的体温给父亲温暖冰凉的被窝。

15 看着父亲睡下，他才回到自己的小屋甜甜地睡去。每当父亲睡进温暖的被窝，一股暖流便传遍全身，他总是禁不住自言自语道：“阿香真是个好孩子啊！”

16 黄香的母亲去世后，家境比过去更为艰难，夏天还好过一些，冬天往往穿不上棉裤，盖不上棉被，但他知道父亲已经为此伤透了脑筋，所以他从不叫苦，免得父亲为难，白天照样帮父亲干活，晚上默默地忍受着饥寒。

17 即使生活如此艰难，他仍然整天欢欢喜喜，蹦蹦跳跳，乐观向上。

18 黄香9岁能自立，为父亲扇枕温席，这些事不仅在邻里间传为佳话，不久，天下人都知道这位江夏的大孝子了。

19 后来，皇帝也听说了黄香孝敬父亲的事迹，专门颁布了告示，嘉奖了这位天下无双的孝子。

20 孝敬不仅能让人做出常人做不到的事，还会磨炼人的意志。黄香9岁就能为父亲扇枕温席，长大后做了尚书令，也保持了很好的政绩。

孝

尊亲立身之道

XIAO ZUNQIN LISHEN ZHI DAO

世代家传研《周官》

1 西晋末年，发生了这样一个感人至深的故事。当时，北方各地兵祸连年，老百姓流离失所。

2 一天，官道上走来一队衣冠不整的百姓，一路上不时被士兵打骂呵斥。

3 这些百姓骨瘦如柴，面无血色，他们被当时的统治者劫掳来，被迫迁徙到山东去。

4 这一行人中，有一对韦姓夫妇，两人衣衫破旧，推着一辆小车，车里装着几件破衣服和一些简陋的日常生活用品。

5 他们身边走着一个孩子，拉着母亲的衣角，紧紧地跟着大人。他不时地用惊恐的眼睛看父母忧愁的面容。这个孩子就是韦逞。

6 韦逞降生在书香门第，他的外祖父是一个学识渊博的学者，他只有一个女儿，就是韦逞的妈妈，被称为宋氏。

7 宋氏稍大一些时，外祖父把一部叫作《周官》的书交给她，教她念字读音，并细心讲解其中的意思。

8 这部书很有价值，是关于古代官制方面的书，也是研究孔子儒家学说必读的经典著作。但这部书内容深奥，枯燥乏味，一点趣味性也没有。

9 宋氏的父亲常告诫女儿："咱家几代都攻读钻研这部书，至今已成家传绝学。这部书是周公制定的，内容博大精深，十分有价值。我没有儿子，就把希望寄托在你身上了。尽管晦涩难懂，但一定要坚持，把研究继续下去，千万别让这门学问在世上失传了。"

10 宋氏聪明贤惠，温良恭顺，把父亲的教导铭记心头，更加努力地钻研学问，终于将《周官》学说延续下来，没有辜负父亲的期望。在当时，像宋氏这样有学问的女子并不多。

11 后来，天下大乱，他们全家被迫迁徙。在颠沛流离中，她也没有放弃研究《周官》。夫妻俩推着的小车上不多的几件物品中，就有《周官》的研究资料。

12 一家人四处流浪，最后到了一个叫冀州的地方，投靠一个叫程安寿的富人，过着饥一顿饱一顿的生活。

13 此时，韦逞还小，母亲白天上山打柴，为生计奔波，晚上就在油灯下边纺线边教韦逞读书，纺线声伴随着读书声不时传出窗外。

14 母亲教得仔细，孩子学得认真，不懂就请教母亲，母亲有问必答，纺车声时时被孩子的提问打断，外人看到这个场面都深受感动。

15　在这种艰苦的条件下，韦逞学到了许多书本知识，战乱中颠沛流离的生活，又使他学到了许多书本外的知识，增长了见识，经受了磨难，这些都为他打下了良好的基础。

16　后来，战事平息，苻坚统一了北方，建立了前秦政权。他非常重视文化教育，在朝廷中设立太学，招收贵族子弟入学就读，并且致力于搜集散失的各种文化典籍。

17 当时，由于战争的破坏，黄河流域的文化遭受巨大的破坏，苻坚想改变这种破败的局面，便四处招纳人才。在百废待兴中，韦逞入朝做了太常官，主管朝廷的礼乐祭祀。

18 一次，苻坚来到太学，向博士们询问现有的典籍情况。

19 一位博士官回答说："经过搜集整理，散失的典籍已大体配齐，只有《周官》一书没有注解，也没有人会讲授。我听说太常韦逞的母亲宋老夫人一生致力于钻研《周官》，她现在已经八十多岁了，但耳不聋、眼不花，应该让她把《周官》这门学问传给后人。"

20 苻坚一听连连点头，并向韦逞了解此书研究的一些情况。韦逞如实禀报，把自己的外祖父、母亲的研究情况一一道来，也讲到自己研究的心得体会。苻坚一听很感动，也很兴奋。

21 于是他决定在韦逞家设置讲堂，选出一百二十名生员去听宋老夫人讲解《周官》。宋老夫人虽年事已高，但想到自己终于可以堂堂正正地把父亲的遗训完成，也就不遗余力地努力向学生讲授知识。韦逞也协助母亲完成这项有意义的大事。

22 尽孝不仅体现在对长辈的教导言听计从上，宋氏的孝、韦逞的孝深刻体现在他们牢记长辈遗训，对中国文化典籍的保存和整理做出自己的贡献。这是一种更大意义上的孝。

孝

尊亲立身之道

XIAO ZUNQIN LISHEN ZHI DAO

王原千里寻父

1 在明朝正德年间，曾出现了这样一件感人的事情。当时直隶文安县有个叫王珣的庄户人，家有几亩薄田，夫妇二人有一个未满周岁的儿子，叫王原。一家三口虽生活清贫，倒也平安和睦。

2 但不久这种和睦便被打破了。王珣因不堪忍受重利盘剥，又交不起租赋、承当不起苦役，只得忍痛含泪抛下年轻的妻子和尚在襁褓中的孩子，只身逃走了。

3　王珣逃走后，母子二人的生活更加艰难，吃糠咽菜，饥一顿饱一顿，而王殉从此就再没有音讯了。

4　在困苦的环境中，王原渐渐长大了。俗话说“寒门出孝子”，王原年龄不大，但十分孝顺，凡事都帮母亲一把。

5 有一天，王原问母亲："别的孩子都有爹，我怎么没爹呢？我爹哪里去了？"问得母亲潸然泪下。

6 母亲哽咽着把王珣弃家出逃的原委讲了一番，最后又嘱咐王原："你千万不要怪你爹，他并不是无情无义的人，他是因为无奈才这样做的。"说毕，母子抱头痛哭。

7 王原是个有心的孩子，自从知道了事情的原委之后，就惦记着寻找父亲。后来王原就在县城的繁华之地开了个小吃店，一方面靠招待来往客商以维持生计，一方面向客人打听父亲的下落。

8 这样过了几年，父亲仍音讯全无，但他寻父的愿望却越来越强。

9 有一天，他跪在母亲面前，一字一句地说：“娘，儿子要找爹去。找不到爹，今生今世绝不回来！”

10 母亲早就知道会有这么一天，她哭着劝道：“你爹一走就是20多年，至今生死不明，况且他只是个普通百姓，又不知流落何方，你到哪里去找呢？如果你们父子俩都做了望乡鬼，叫我无依无靠，孤零零的怎么活啊！”

11 王原见状也泣不成声，但他决心已定，就对母亲说：“儿已成家，早晚有媳妇陪您，您不用拦我了，找不到爹我是绝不会回来的！”

12 母亲只得挥手让他出门寻父去了。王原揣着一颗孝心，千里寻父。但天下之大，父亲又在哪里呢？

13 他餐风饮露，受尽艰辛跋涉之苦，足迹遍及山东南北，甚至跨海到田横岛去寻找父亲的踪迹。

14 几年过去了，依然一无所获。但王原不灰心，又继续南下，渡过洛河、漳河，到了辉县一带山脚下。只见远处有一寺院，附近没有人家。王原走近一看，寺门上悬着写着“梦觉寺”三个字的大匾。

15 此时王原又冻又累，实在走不动了，就倒在寺门前睡了过去。第二天清晨，王原被出来扫雪的小和尚发现，救回寺中。

16 王原苏醒后，就把自己出门寻父的事讲了一遍。

17 有一个听王原叙述寻父故事的和尚一听说王原是文安人，就立刻想到了寺里的伙夫也是文安人，于是就跑到伙夫面前说：“你的本乡有个年轻人外出寻找父亲，现在正在禅堂，或许你认识他……”

18 伙夫立刻跑了过去，听王原说自己的父亲名叫王珣，立刻明白，眼前的年轻人正是自己日思夜想的儿子。

19 他大声喊出了王原的乳名。当下父子二人抱头痛哭，失散 20 多年的父子终于相认了。

20 原来，王珣弃家逃走后，颠沛流离，前不久才在梦觉寺落脚当了一名伙夫。

21 王珣望着儿子瘦弱的身体和疲倦的面容，又一次落泪，父子二人久久说不出话来，在场的和尚也无不动容。过了许久，父子二人才从重逢的喜悦中清醒过来。

22 王珣对这么多年王原母子生活的艰辛感到很内疚，就对儿子说：“今天咱们父子相见，也算老天有眼，你回去告诉你的母亲，就说我没有颜面再回故乡了。”

23 王原一听，立刻跪在父亲面前，他不能让面前这位饱经沧桑的老人再自责，他哭着对父亲说：“爹要是不回去，儿子也只有在这里陪您了。”

24 父子二人又一阵痛哭，周围的和尚也一再劝解。王珣终于和儿子一同回到了家乡。

25 一家三口终于团圆了。而王原万里寻父的动人事迹也传遍了大江南北。

26 这则故事感人之处在于孝子的孝行。王原未满周岁就失去了父亲，但骨肉亲情却从来没有消失。他历尽千辛万苦，百折不回地寻找父亲，这样的孝心，有谁不夸，有谁不赞呢？

孝

尊亲立身之道

XIAO ZUNQIN LISHEN ZHI DAO

朱寿昌同州认母

1 宋朝时，有一个叫朱寿昌的大孝子，远近闻名。因为他为人正直、善于处世，因此做官时颇受百姓的爱戴。他从政的主要事迹是发展地方经济，整顿社会治安。

2 但被后世人们所津津乐道的并不仅仅在于他为官贤达，更在于他以孝为立身之本，极尽孝道，尤其是他同州认母这段往事更为人们所倾服。

3 原来，朱寿昌的生母刘氏嫁到朱家做妾，朱寿昌的父亲当时在秦地做官。

4 刘氏到朱家后不久，就怀上了孩子，这孩子就是朱寿昌。刘氏怀孕不久被正妻设计赶出了朱家，生下朱寿昌后也没被朱家召回。

5 小寿昌从降生起就同母亲一起到处流浪，在人们的冷眼和鄙夷中渐渐长大。

6 在他 8 岁那年，朱家人决定要回寿昌。对于寿昌来说，有了自己的家当然是一大幸事，但同时也造成了另一种不幸。因为朱家只要自己的亲骨肉而不是连刘氏也一并召回，这样，寿昌与母亲一别就没有机会再见面了。

7 在朱家的深宅大院中，寿昌日日思念母亲。每每想起和母亲在一起度过的贫寒而快乐的日子，他就下决心有机会一定要与生母团聚。

8 但在家法森严的封建大家庭里，要想出来寻找母亲比登天还难。日复一日，年复一年，寿昌与母亲天各一方，音讯全无竟长达 50 年。50 年在时间长河中不过是匆匆一瞬，但对一个人来说，却是大半辈子的光阴。

9 尤其是朱寿昌这样的孝子，对亲娘的那份思念之情是在任何情况下都割舍不下、丢弃不开的，他无时无刻不在盼着和母亲团聚，叙离愁。

10 他长大成人后，就开始四处打听母亲的消息和下落。随着年龄的增长，他对母亲的思念之情也越来越强烈，常常寝难安，食无味，一提起母亲就不免伤心落泪。

11 有时他在梦境中重温与母亲在一起的时光。他因为官清廉，颇有政绩，后来调到南方做官。

12 到了南方后，他经过几天几夜的思考，终于下定决心要辞官寻母。

13 家人理解他的一片孝心，也知挽留不住，更知他寻母之情日胜一日，便挥泪与他告别。临行前，他发誓说：“此行找不到母亲，今生今世我就不会再回来了。”

14 带着与母重逢的期盼，他踏上寻母的征途，走到哪儿问到哪儿，哪怕有母亲刘氏的一点音讯，他都不放过。

15 就这样，走了一程又一程，问了一路又一路，历尽艰辛，吃尽苦头，终于在同州找到了母亲。

16 母子相见，没有万语千言，只有流淌的眼泪。刘氏做梦也没想到有生之年还会见到分别了 50 年的儿子。离开爱子时，自己风华正茂，如今已是 70 余岁的白发老妪。

17 早年刘氏离开儿子后就改嫁党家，陆续生了几个儿女。朱寿昌见到了几个同母异父的弟妹，并将母亲一家全都接到了自己的住所。

18 50余年寻母不辍，母子终于相见，朱寿昌的孝心孝行一时被传为佳话，也引起了很大的轰动。当时许多大名士，包括著名的王安石、苏轼、苏颂等人有感于他的行为，纷纷写诗作文称赞他。

19 朱寿昌将母亲接回自己的家后，便专心侍奉老母。为了照顾老母，他向朝廷请求到河中府做官，得到了批准。

20 70多岁的刘氏在当时已是高龄老人，但在儿子的精心侍奉下又享了几年福才撒手归西。母丧期间，朱寿昌十分悲痛，双眼都差点哭瞎了。

21 给母亲送终之后，他也一点不摆为官者的架子，与自己的几个同母异父的弟妹相处得很好。弟弟、妹妹家的大事小情他帮助料理得井井有条。

22 朱寿昌不愧是“二十四孝”中记录在册的大孝子。几岁与母亲分离，他却几十年地寻找，没有真正的孝心是做不到这一点的。别说中国古代对这种人推崇备至，就是在现代也堪称榜样。

孝

尊亲立身之道

XIAO ZUNQIN LISHEN ZHI DAO

方观承北国探亲

1 在清朝乾隆年间，安徽桐城出了一位叫方观承的名士。方观承当过直隶总督，他为官清廉，为百姓做好事，为治理黄河做出了很大贡献。

2 方观承小时候家住南京，他的祖父方登峰曾经当过朝廷里的工部主事，他的父亲方式济也考取过进士，官至内阁中书。

3 没想到，有一年，祖父的朋友戴名世写了一本叫《南山集》的书，被朝廷看成是有反叛思想的禁书，此事把方观承的祖父和父亲也牵连进去了。

4 方观承的祖父和父亲的官做不成了，家里的财产也被没收了，他们还被抓起来流放到黑龙江戍边。

5 这时，方观承和他的哥哥年龄很小，罪犯家庭的子弟没人收留，一时间，门庭冷落，亲友们都装作不认识他们哥儿俩，与他们断绝了来往。

6 幸好，父亲和祖父做官时，和清凉山上寺里的和尚是好朋友。和尚见兄弟俩可怜，就收留了他们。

7 每天，方观承兄弟俩只能靠吃施舍给和尚们的饭过日子，生活苦极了。哥儿俩过着这样苦的日子，仍然惦记着在北国流放的父亲和祖父。

8 一天，方观承与哥哥找到老方丈："师父，我们想到北国去看望父亲和祖父，二老在那里受苦，我们放心不下！"

9 老方丈十分感动，他看到孩子们还小，就劝阻说：“路途遥远，我又无力给你们凑那么多路费，怎么去呢？”

10 方观承说：“我们有两条腿，可以走着去！”“那可远得很哪！”老和尚说，“还是等你们大点了再去吧！”

11 方观承说："父亲和祖父天天在北国受苦，我们一天也等不下去了！"

12 寺里的方丈见无法劝阻，只好给方观承弟兄俩凑了一点钱作为路费。弟兄俩辞别老方丈，离开清凉山上路了。

13 途中，尽管方观承和哥哥省吃俭用，还是很快就把钱用光了。但是哥儿俩并未就此止步，而是继续艰难北行。

14 沿途饿了，他们就去敲人家的大门，腆着脸跟主人家要口饭吃。

15 他俩本是官宦人家的子弟，张口跟人家要饭吃，刚开始总是难以开口，但是，肚子饿极了，只好壮着胆子对人家讲了实情。若碰到好人家，见他们可怜，又是去北方探亲，被他们这种孝顺长辈的精神所感动，就送给他们一些吃的。

16 有时，碰到凶狠的人家，不但不给吃的，还放出恶狗咬人。兄弟俩只好互相保护着逃出村外。

17 旅途艰辛，哥儿俩走得脚上磨出了血泡，血泡又变成了老茧。有时饿得两眼昏花，只好在庄稼地里随便挖点东西充饥。

18 经过艰难跋涉，他们终于来到了北国军营，找到了在这里服役的祖父和父亲。亲人相见，抱头痛哭。祖父和父亲万万没有想到两个孩子会来看望他们，内心得到极大的安慰。

19 从此以后，他们兄弟俩每年都到北国去探望亲人……

20 有时候孝敬是要勇气和毅力的。方观承和哥哥千里探亲的故事被世人传为佳话，为后人所赞赏。

孝

尊亲立身之道

XIAO ZUNQIN LISHEN ZHI DAO

夏统洛阳买药

1 自古寒门出孝子。晋朝时，家住浙江的夏统就是这样一位寒门孝子。

2 夏统少时丧父，家中极其贫寒，与母亲相依为命。

3 他从小就知道孝顺母亲，总是挑重活、脏活干。为了糊口，他总是披星戴月，不是上山拾柴，就是摘野果等回家。

4 母亲有病，他就承担一切家务，衣不解带，悉心照料母亲。

5 一次，为了病中的母亲，他不辞劳苦，走了很远的路，到海边打了些鱼虾给母亲吃。

6 夏统不仅知书达理，尊敬长辈，而且博学多识，能言善辩，因此，有人看他整日在家里操持家务，觉得可惜，就劝他出去做官，而夏统总是一笑置之。

7 后来有人为了激他，就对他说："像你这样有才学、清正高尚的人，如果出去做官，结交权贵，荣耀显达自有时日，何必守着这田园，一辈子没有出息呢？"

8 夏统听了这话感到不入耳，面孔一沉，说："你怎么把我当成这样的人？太平岁月也好，动荡不宁的岁月也罢，只要我坚持自己的操守，就自有度日的方法，而置身官场，要学会逢迎讨好，言非己意，还要左右周旋，哪有在家侍奉母亲更能体现我的孝道和操守呢？"说得那人非常惭愧。

9 一次，家族祠堂祭祀祖先，夏统的表兄从外面请来两个女巫，说是请神治父病，并祈求父亲身体安康。

10 这两个年轻女子容貌俊秀，衣着鲜丽，能歌善舞，很有一套装神弄鬼的看家本领。这天晚上，钟鼓合鸣，五音齐奏，两个女巫拔刀破舌、吞刀吐火，表演起巫术来。

11 夏统一看这番表演就责备众人不该这样做，他认为装神弄鬼是最不体面的事，不但不能起什么作用，反倒还会影响长辈的声誉，这不是孝顺长辈的行为。众人一听，觉得言之有理，便不再说什么，“祭祀”也草草收场了。

12 最感人的还是夏统到洛阳为母亲买药的故事。那是三月上巳这一天，洛河岸边游人如织。原来这一天是古代的节日，洛阳城的人都要到河边游玩。

13 而夏统买完了药就匆匆上船，急着回去照顾病中的母亲，他对身边人来人往的热闹场面看也不看，只顾在船头埋头清理、晾晒草药。

14 当时，太尉贾充也在一大群人的簇拥下乘豪华的船在洛河游玩，看到夏统的样子觉得奇怪，于是有人说那就是江南才子夏统。贾充命人把船靠过去，同夏统聊了起来。

15 闲聊中，贾充感到夏统学识渊博，不是凡夫俗子，心中喜爱，邀他坐下来谈话，问他一些学问上和时事方面的问题。夏统有问必答，口若悬河。

16 贾充更生爱才之心，便劝他出来做官。见夏统不感兴趣，贾充便转换了个话题，问他能不能唱家乡的歌。

17 夏统答道："伍子胥是古代有名的忠臣，他不避危难，指出吴王夫差贪色误国，却被昏庸的君王强迫自尽，国人为他的忠烈之心所震撼，做过《小海唱》。"

18"大禹王到过我的家乡，死后被葬在会稽山，他会聚万国，教化百姓，人民对他久久不忘，为感激这位贤王，做过《慕歌》。"

19“更为感人的是另一首歌，它讲的是一个年仅 14 岁的女子，因父亲不幸落水而亡万分悲痛，也投身江中，百姓为她的孝行所感动，做过《河女》之歌！这些歌才是真正的歌。现在我唱给大家听。”

20 夏统说完便引吭高歌，两岸游人受到感染，为他鼓掌叫好。夏统越唱越兴奋，就在船上脚踏船板做节拍，歌声显得更加清越高亢，慷慨激昂。听者越发被他的正气所感动，议论纷纷，说：“听了《慕歌》仿佛看到了一心为民的大禹，听了《小海唱》觉得伍子胥、屈原就在自己身边；听了《河女》不禁泪流满面，古人的孝行太令人感动了。”

21 此时贾充既为了答谢夏统，也为了炫耀自己，就命令展开旗帜、大作军乐、车马奔腾。而夏统对这一切都无动于衷，只顾摆弄手中给母亲买的药，他以要服侍生病的母亲为由而谢绝贾充要他出山为官的要求。

22 夏统的孝心，不仅体现在他对自己母亲的孝顺上，也体现在他对古代孝行的赞赏上。他以孝为先，但并不是不言国家大事。他身为平民忧国忧民，把对家里母亲的孝同对国家的忠结合起来，体现了自己的磊落气度和风范。

孝

尊亲立身之道

XIAO ZUNQIN LISHEN ZHI DAO

千里出塞慰双亲

1 故事发生在清朝一个初冬的傍晚，在塞外流放犯人的宁古塔（位于今黑龙江省宁安市）附近，有许多囚犯住的茅草屋。这时，一个风尘仆仆50岁左右的江南人，穿梭于草屋间，走走问问，最后停在一间茅草房前，迎着两位年近古稀的流放犯人跪下，叫了声“父母大人”之后，就哭得再也说不出话来了。

2 囚犯是谁？这个江南人为什么哭得如此伤心呢？原来，44年前，在浙江绍兴有一名青年叫杨越，他因为一位朋友反清被捕入狱而受到牵连。

3 他和妻子一起被清廷流放到了遥远荒凉的宁古塔，留下了两个年幼的儿子：大儿子叫杨宾，小儿子叫杨宝，兄弟二人由年迈的奶奶抚养。

4 时光飞逝，转眼间20多年过去了，杨越夫妇一直没有音讯。在困境中，杨宾、杨宝两兄弟都长成了健壮的小伙子，当年离别时紧抓父母衣襟、扑在父母怀里失声痛哭的情景，至今仍依稀在眼前浮现，回想起来令人伤心落泪。

5 一天，杨宾对杨宝说：“弟弟，父母都年纪大了，又远在寒冷荒凉的关外，无依无靠的，生活一定很艰难。作为儿子，我们却不能服侍在他们左右以尽孝道，真是有悖天理人情啊！”说完，他眼望远方陷入了沉思。

6 弟弟杨宝说：“那我们俩何不去关外探视他们呢？也好尽尽孝心。”哥哥叹了一口气，回答说：“我们自幼就离开父母了，是奶奶把我们俩养大的。现在奶奶年纪大了，正要我们照顾她，我们又怎么忍心撇下她老人家不管呢？”兄弟俩决定先留在奶奶身边，好好服侍奶奶，等到老人家享尽天年后再去关外探望父母。

7 于是，兄弟俩白天拼命地干活，晚上挑灯读书，家里家外的活儿都不用奶奶操心过问。老太太日子过得舒心，身子愈来愈硬朗。

8 再说杨越夫妇当年经过几个月的长途跋涉，终于到达了目的地宁古塔。这里夏天蚊虫肆虐，冬季滴水成冰，到处一片荒凉，人烟稀少。就在这样的环境中，杨越夫妇顽强地活了下来，但是每当时令转换，北雁南飞的季节，夫妇二人就翘首遥望家乡的方向，思念远方的孩子。

9 到了杨宾兄弟快 50 岁时，老奶奶去世了，兄弟俩厚葬了奶奶，守完了孝期后，就上书朝廷，请求去关外探视父母。朝廷念及他俩一片孝心，特准兄弟中的一人去关外探视。

10 就这样，哥哥杨宾只身一人踏上了千里探亲的旅程。一路上跋山涉水，风餐露宿，经历了无数艰苦，有几次由于劳累过度，再加上气候恶劣，他几乎死在路上。

11 经过几个月的艰苦历程，杨宾终于在宁古塔的一间茅舍中见到了年迈的双亲。此时杨越夫妇已是 68 岁的人了，离开江南被流放已经整整 44 个春秋。抚摸着儿子染霜的双鬓，回想往事，两位老人禁不住老泪纵横。

12 很快归期已到，杨宾妥善地安排好老人的生活，依依不舍地告别双亲。

13 杨宾千里爬涉，不畏艰辛，感念父母养育之恩，在回家途中，想起不能为父母尽孝，心情无比沉痛。

14 两年后，杨越死在流放地宁古塔。杨宾兄弟又上书朝廷，请求准许他们将父亲的灵柩运回江南绍兴安葬。朝廷被他们俩的孝心所感动，终于同意了他们的请求。

15 于是杨宾、杨宝兄弟跨过长江，越过黄河，出山海关，来到荒无人烟的宁古塔，用上好的棺木装殓了父亲的遗体运回江南，安葬在家乡。

16 父亲被流放关外，清廷不允许家属探视，父母生死不明，时间又过去了40多年，即使不去探视，别人也是可以理解的，更何况路途遥远、旅程漫长。然而杨宾、杨宝兄弟千里出关省亲，历经磨难，最后运柩陪母回了家乡，使父母落叶归根。这一切靠的是什么呢？不正是一个“孝”字吗？

孝

尊亲立身之道

XIAO ZUNQIN LISHEN ZHI DAO

卧冰捕鱼只为孝

1 古时候，北方流传着一个名叫王祥的少年因为生病的继母想吃鲜鱼而卧冰求鱼的故事。难道卧冰真能求鱼吗？当然不是。还是让我们把故事从头讲起吧。

2 东汉末年，有一对同父异母的兄弟，哥哥叫王祥，弟弟叫王览。哥哥非常孝敬父母，弟弟又很悌顺兄长，这个家庭充满着安乐、平和的氛围。

3 原来，王祥小的时候，母亲故去了，只剩下他和父亲两个人，为了更好地生活，父亲又娶了妻子朱氏。两年后，王朱氏生了个儿子，这就是前面提到的王览。

4 王祥和王览相差不了几岁，开始的时候，继母对王祥还好，以后随着年龄的增长，王祥长成翩翩少年，王览显得幼弱，继母产生了某种妒忌，逐渐虐待起王祥来了。

5 早晨，继母高声喊：“祥子，都什么时候了还睡懒觉，快起来！水缸里没水了，赶紧挑水去！”

6 等王祥把水缸灌满后，继母又吩咐道：“祥子，家里没柴烧了，快去上山砍柴。”王祥只好饿着肚子上山砍柴。

7 王览和哥哥很要好，他经常劝母亲对哥哥好点，但于事无补。

8 有时弟弟起床后发现哥哥没吃饭，便悄悄地揣上两个馍馍上山，给王祥送去。

9 有一年冬天，继母生了重病，一连几天不怎么吃东西，躺在床上呻吟。有一天，她突然说："有……有碗……有碗鱼汤喝就好了。"

10 天寒地冻的时候，到哪儿去弄鱼呢？听见继母念叨，王祥想了想，便来到了山后一条冰河旁。他没有其他办法，便卧在冰河上，用自己身体的热量融化冰层，好抓两条给继母烧汤的鱼。

11 时间一个时辰一个时辰过去了，皇天不负苦心人，他的热量渐渐融化了冰层。他不顾刺骨的寒风，躬身把竹篮投入冰水下，终于捞取了两条能给继母烧汤的活鲤鱼。

12 孝行温暖继母心，精神爽朗解病痛。王朱氏喝了王祥亲手煮的鱼汤以后，身体果真一天一天地好了起来。

13　街坊纷纷夸奖王祥："这孩子对继母可真孝顺，谁家有这样的儿子真是福气。"从此，母慈子孝，王祥和继母相处得很好，家中又充满了和睦安宁的气氛。

14　东汉末年，群雄骤起，天下战乱不已。王祥扶持继母、护携弟弟一起到长江以南的亲戚家避难。在困苦的环境中，他精心服侍继母长达 20 余年。

15 待继母病逝，西晋建国伊始，王祥应诏为官。他讲究治国之本在于修德安民，成为朝廷功泽当世的老臣。

16 王祥一直活到85岁，在他弥留之际，他嘱咐弟弟以及儿孙们：“我天寿已到，一生无怨无悔。我去了以后，你们不要在墓穴四壁砌筑砖石，也不必搭建灵棚。对家产钱财要推让不争，对人情事理要长幼有序，对官对民要讲信至诚……这才是国运昌、家族兴的根本。”

17 王览带头恪守兄长王祥的遗训，力行忠信孝悌，官至太守仍不忘哥哥在少年时代为治母病而卧冰捞鱼的情景。人们也赞扬王祥：继母人间有，王祥天下无。至今河水上，留得卧冰模。

18 由此可见王祥的孝心、孝行的影响是多么的深远。往事越千年，佳话代代传。凿冰捞鱼被演绎为卧冰求鱼是不足为奇的。只要我们明其意，笃其行，为维护家庭的幸福生活尽一份心就足够了。

孝

尊亲立身之道

XIAO ZUNQIN LISHEN ZHI DAO

孙思邈学医孝双亲

1 人们都知道孙思邈是唐代著名大医学家，可是有谁知道，他学医的最初动力，来自对父母的孝心。

2 原来，孙思邈的父亲患有雀目病（夜盲症），母亲患粗脖子病，这给他们二人带来许多痛苦和不便。年少的思邈看在眼里，内心十分焦急。

3 一天，父亲边做木工活边问思邈：“你长大后想要做什么？”他毫不犹豫地回答说：“我长大后一定要做个医生，治好您和妈妈的病。”

4 父亲听了思邈这话，十分感动，他沉思片刻，说：“好孩子，你要想当医生，就不能像爸爸这样，斗大的字认识不了一石。咱家虽说很穷，但我就是累弯了腰也要供你念书。明天你就上学去！”于是，小思邈在村西的一孔土窟洞里开始了他的读书生涯。

5 思邈 12 岁时，父亲带他到药农张七伯家做学徒。思邈见张家院内到处是草药，心中大喜，想：这下父母的病可有治了！于是拜七伯为师。

6 过了一段时间，思邈发现，七伯是个大老粗，只是懂得一些药性，会用一些土方治病，并不懂医理。

7　七伯也看出思邈是个聪明、有抱负的孩子，觉得自己不能耽误人家的前程，就诚恳地对思邈讲："从这儿往北 40 里是铜官县。我舅舅是那儿有名的医生，这本《黄帝内经》就是他送给我的，我读不懂，你拿回去用心读读，等长大些去找我舅舅学医吧！"

8　于是，孙思邈一面钻研《黄帝内经》，一面熟悉药性，但他始终没忘要治好父母的病。有一天，他不辞辛苦来到铜官县，找到那位名医，可这位医生也治不了雀目病和粗脖子病。思邈很失望，但他还是跟这位医生学习了一年多，然后回乡为乡亲们治病。

9 一次，他为一个远道而来的病人治好了瘤疾，病人感激地说：“没想到孙先生年纪不大，医术却这样超群，真是复生的扁鹊、再世的华佗啊！”思邈听了忙推辞说：“哪里，哪里！我连父母的雀目病和粗脖子病都治不了，怎么敢跟古代的名医相比呢？”

10 病人见他时刻把父母的病痛挂在心上，大受感动，想了想，说：“我家住秦岭，那里患粗脖子病的人很多，我表妹就得了这种病，后来被秦岭之巅太白山上的一位先生治好了！”思邈听了，欣喜若狂，忙问：“这位先生叫什么名字？”病人答道：“他叫陈元，好像是江南人。”

11 思邈一心想治好父母的病，所以第二天就动身前往太白山。400 里的路程，交通不便，但思邈以惊人的毅力战胜了旅途上的重重困难，终于来到了美丽的太白山下，几经周折，找到了陈元。

12 他从陈元那儿学到了治疗粗脖子病的祖传秘法。可是，父亲的雀目病仍是个久攻不下的难题。

13 于是，思邈就在太白山住下来，一边采药行医，一边继续研究治雀目病的方法。

14 凭着长期看病积累下来的经验，思邈发现患雀目病的多是穷人，富人很少得这种病。他想：穷人一定是缺少某种东西才得这种病的，如果让穷人也吃上富人吃的东西，说不定就能治好雀目病。

15 于是，他就叫一位病人接连吃了几斤猪肉，可病仍不见好。

16 他翻药书时看到“肝开窍于目”的话，就给患者买了几斤牛羊肝吃，几天后，病人的病大有好转，后来竟慢慢痊愈了。

17 思邈受到启发，进一步找到了用羊靥治粗脖子病的办法，同时还发现这种病同长期喝一种水有关。回到家后，孙思邈就用自己学到的方法给父母治病，同时也治好了不少有同样的病的乡亲。

18 孝，可以激励一个人奋发图强，成就大业，因为它是一种发自内心的真情。古今有多少成功者，都是从孝中汲取了人生的力量和勇气。

孝

尊亲立身之道

XIAO ZUNQIN LISHEN ZHI DAO

缇萦上书救父

1 西汉文帝时，有个叫淳于意的太仓官，他精于医术。

2 辞官回家后，他更加专心此道，用自己精湛的医术治好了不少疑难病症。而且他不论贫富，对患者一视同仁，因此赢得了人们的尊敬，远近患者应接不暇。

3 一天，淳于意要出门办急事，就在大门外贴了一个告示：今天有事出门，暂不看病，请谅！

4 不巧，地方上有个大官得了急病，老远的慕名前来找淳于意，见他不在家，就立即派人去找。差人刚走不久，那个大官就病死在淳于意的家门口了。

5 这一来可吓坏了大官的手下人，为了推卸责任，他们回禀说：“是淳于意诊断错误才把病耽误了，不然大人是不会死的。”病人的家属闻言大怒，他们依仗权势，不问青红皂白，第二天便带着公差登门来抓淳于意了。

6 天降横祸，可怜淳于意刚刚到家，还没来得及见一见妻儿，就被公差抓走了。

7 公堂上根本不容他申辩，硬说他行医害人，判为“刖刑”（古时候一种砍脚的残酷刑罚）。

8 因为淳于意做过太仓令，是朝廷的命官，所以需要有皇帝的批准，才能最后定罪行刑。这样就得把淳于意押解到长安受刑。

9 淳于意没有儿子，只有五个女儿。其中有一个名叫缇萦，别看她年龄小，只有 15 岁，又是女孩子，但她从小就与众姐妹不同，性格刚强。

10 消息传来后，众姐妹都非常恐慌，只有她表现得很镇静。她想：这不是以势压人、颠倒黑白吗？病人来看病时父亲不在家，有门上的告示为证，怎么能说是行医害人呢？我一定要陪父亲到京师，在皇上面前为父申辩，讨个公道！

11　她把自己的想法告诉了姐妹们，大家都吃了一惊。但想到缇萦平时所做的事和她的性格，大家也就没有阻拦，只是对她嘱咐了许多一路要小心之类的话。

12　父亲被押解进京那天，小缇萦早早就起床了，她带齐了必备的用品，就辞别母亲和众姐妹上路了。

13 在一个十字路口，她等到了父亲。几天不见，父亲苍老多了，又戴着沉重的刑具，小缇萦心疼地哭了起来。她一头扑进父亲怀里，抽泣着说：“我要护送您上京去，路上我一定要照顾好您！”

14 父亲愣住了，急忙说：“你年龄还小，又是个女儿家，怎么能受得了路途上的辛苦呢？你还是回家去吧！”缇萦却坚定地说：“不，我一定要去，一定要为您申冤。”说完，不由父亲再说，就搀着父亲上路了。

15　解差们本来就知道淳于意是冤枉的，心中也很同情，小缇萦的孝心和勇气更感动了他们，一路上也没有为难父女二人。

16　小缇萦聪明机智，对父亲的照顾十分周到，淳于意少受了不少的苦。

17 一路风餐露宿，到了京城，聪明的缇萦害怕情况有变，就提笔给皇帝写信，诉说父亲的冤屈，请求免除父亲的“刖刑”。信中写道：“我父亲为官清廉，行医有术，却被人诬告。人一受‘刖刑’，不死也得残废，受刑者有罪，则失去了改过自新的机会；无罪，则无法弥补被冤的苦痛。我甘心情愿卖身为奴，替父亲赎免刑罚，请皇上明察。”

18 汉文帝见信后暗暗称赞，缇萦人不大，对父亲的孝心却不小，而且她信中的话也很有道理。于是便答应了缇萦的请求，赦免了淳于意，让他带着缇萦回家了。

19 后来，汉文帝也发现了使用“刖刑”的危害，常常冤枉好人，而又无法纠正，于是下令从此废除了“刖刑”。

20 孝敬父母是人的一种本性，不分男女，也不分长幼，只要心诚，就会感动天下人。所以，缇萦虽是个小女孩，也能打动汉文帝，替父亲平反昭雪。

孝

尊亲立身之道

XIAO ZUNQIN LISHEN ZHI DAO

岳飞孝母赴国难

1 岳飞是众所周知的抗金将领，同时他也是一位大孝子。

2 岳飞出生于南宋相州（今河南安阳）汤阴（今河南汤阴县）的一户佃农家。在他还未满月时，黄河决口，滔滔洪水吞没了他的家乡，他和母亲在水缸里漂流了几天几夜才得以活命，而他父亲却被洪水夺去了生命。

3 从此，岳飞母子相依为命。岳母是一位难得的好母亲，对贫困的生活从不抱怨。她含辛茹苦地拉扯着岳飞，把自己的心血全倾注在儿子身上。“寒门出孝子”，岳飞对母亲也十分孝顺，从来不惹母亲生气。

4 7岁时，母亲开始教他读书写字。没有书，母亲就到大户人家去借。

5 缺少纸笔，母亲就以木棍为笔、大地为纸，在沙地上教他写字。

6 岳飞学习努力，每天除了捡柴、帮母亲做日常家务外，余下时间，就是勤奋学习，锻炼身体。读书使人明智，锻炼使人强壮，岳飞渐渐长大成人。

7 后来岳母为了让岳飞能更好地成才，请当地一位很有名气的武师周同教岳飞武艺。岳飞年龄虽小，但很能理解母亲，所以勤学苦练。

8 不到 20 岁的时候，岳飞就能拉开 300 宋斤的弓，腰弩八石，练就了百步穿杨的好箭法。

9 后来周同去世了，岳飞很悲痛。他为老师守灵，时刻铭记着周同对自己的教诲之恩。每逢清明和周同祭日，他都去老师的墓前祭拜。

10 这在当地传为美谈，大家都说：岳飞这孩子真是个知恩必报、孝顺知礼的人，将来一定会有出息的。

11 当时，岳飞家很穷，但他总是按照母亲的教诲，苦练技艺，希望有朝一日能报效国家。

12 有一天，一个太湖土匪慕名带着大量金银珠宝来拉拢他。面对足以让自己和母亲享用一生的财物，岳飞毫不动心，他把金银珠宝原封不动地退回去，客气地把人送走了。

13 为了激励儿子，岳母把岳飞叫到祖宗牌位前，让他跪下："现在金兵南侵，国家有难，我知道你是个孝顺儿子，但国难当头，我们都有责任啊！好男儿志在四方，你一定知道该怎么去做。"

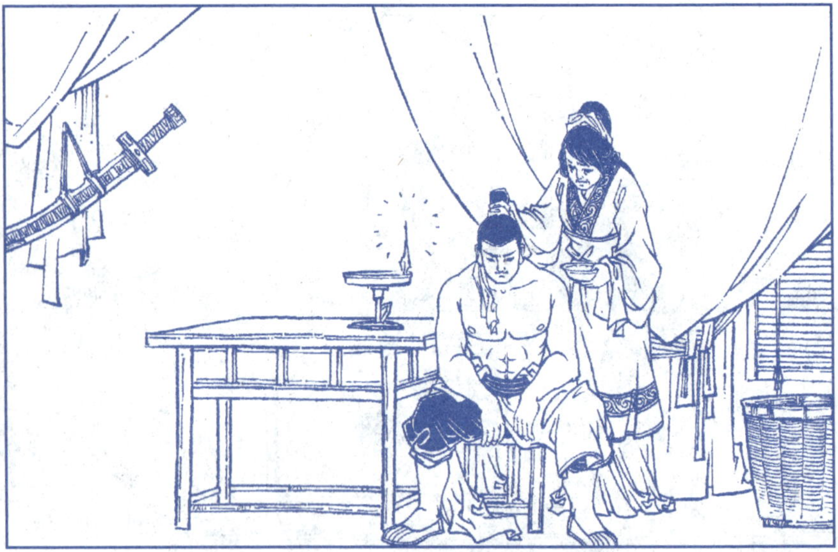

14 说完，岳母让岳飞脱去上衣，亲手在岳飞背上刺下"精忠报国"四个大字。

15　岳飞深知母亲的良苦用心，把这四个字和母亲语重心长的一席话铭记在心中，不久便应召入伍，离开家乡抗击金兵去了。

16　岳飞和岳家军作战勇敢，多次打败金兵的进攻，挫败了金人南下的企图，致使金兵闻风丧胆，发出了“撼山易，撼岳家军难”的哀叹。岳飞也很快成为南宋抗击金兵的一代名将。

17 戎马生涯中，岳飞仍然时时惦念着母亲。他跟金兵作战时，母亲随逃难的人群流落到河北。

18 岳飞闻讯，立即派人去河北找回母亲，把母亲接到安全的地方竭力孝敬。母亲病了，他亲自侍候，端水拿药，衣不解带，一刻也不离开母亲身边，直到母亲病故。

19 岳飞不忘母亲的教诲，率领岳家军抗击金兵入侵，收复河山，救百姓于水火，虽战功卓著，却被奸臣秦桧以“莫须有”罪名陷害致死。

20 岳飞成为名垂千古的抗金将领，他的事迹激励着一代又一代的仁人志士，后人称他是真正千古流芳的忠臣孝子。

孝

尊亲立身之道

XIAO ZUNQIN LISHEN ZHI DAO

谢定住打虎救母

1 谢定住，明代大同广昌（河北涞源县）人。12岁时，父亲外出经商，家里只有母亲带着他和一个还在吃奶的小弟弟。

2 小定住从小便很听话，常常帮母亲干自己力所能及的活计。一天午后，母亲叫定住把小牛牵到后山坡上吃草。

3 他牵着小牛，走上了山坡，选了一块草木茂盛的地方停了下来。小牛贪婪地吃起草来，不时地摇摇尾巴驱赶蚊虫。定住看小牛在老老实实地吃草，自己就下山帮母亲干活去了。

4 西边的太阳渐渐要落山了，这时小定住才想起小牛还在山坡上吃草呢，就急匆匆地向山坡跑去。等到他气喘吁吁地赶到一看，不好，小牛不见了。

5 这下小定住可傻了眼，他漫山遍野地寻找、呼喊，就是不见小牛的踪影。

6 这时，母亲不放心，也带着小儿子一块儿上山来了。定住娘儿俩一商量，决定到大山深处去找。

7 这一带山高林密，常有野兽出没，不久前还发生过老虎吃人的惨剧呢！但母子二人找牛心切，把一切都抛在了脑后。母亲抱着幼子走在前头，小定住拖着一根棍子紧紧跟在母亲身后。

8 天渐渐黑了下来，山路也越来越崎岖难行，草木越来越茂密，这时，母子心里才开始害怕起来。为了给妈妈壮胆，小定住拿着木棍走在前面，还大声唱着稚气的儿歌。看着儿子天真的神态，母亲被逗得笑了起来。

9 忽然，狂风呼啸，随着一声大吼，一只老虎从深草丛中跳出来，张着血盆大口，露着两排尖利的牙齿，直向母亲扑去，母亲被吓呆了。

10 就在这万分紧急的时刻，不容小定住多想，说时迟，那时快，只见他拿着棍子，敏捷地纵身一跳，从母亲身旁穿过，直向虎嘴戳去，正好将木棍刺进老虎嘴巴里。老虎疼得怪叫一声，摇摇头，向草丛中跑了。

11　而这时母亲还站在一边发呆呢！她似乎不敢相信眼前发生的事实。小定住急忙从母亲怀里接过弟弟，扶着母亲，匆匆向山下赶去。

12　这只老虎已经几天没有进食了，它不甘心即将到口的猎物从身边溜走，于是悄悄尾随上来，选择了一个有利的时机再次向母子三人扑了过来。这次母亲表现出了惊人的勇气，为了不让老虎伤到两个儿子，她奋不顾身地将身子挡在了老虎和定住兄弟俩之间。

13 老虎猛一纵身，咬住了母亲的衣领。眼看着母亲就要葬身虎口了，小定住什么也顾不上了，他举起棍子冲上去，狠狠地打在了老虎的鼻梁骨上。不知是小定住的勇敢精神震慑住了老虎，还是它确实被打痛了，老虎无奈地松开口，再次跑开了。

14 惊魂稍定的母子害怕老虎再来，就加快了步伐，一溜小跑地向山下赶去。没想到这只老虎仍未死心，它悄悄地顺小路迂回到前边去等着这一家人。

15　看到老虎挡住去路，一双饥饿的眼睛发着幽幽的光，母子二人停下脚步，不知该如何是好了。这次老虎已经学乖了，它不敢再扑上去咬人，只见它低着头，弓着背，一点一点地靠近。忽然，老虎大吼一声，照准母亲的脚咬了下去，母亲奋力躲闪着、抵抗着。

16　正巧路边有堆石头，小定住捡起一块拳头大的石头，用尽全力向老虎打了过去，不偏不倚正好砸在老虎的脑袋上。老虎疼得狂吼一声，向身后的山沟里逃去，再也不敢回来追这一家人了。

17 小定住保护着母亲和弟弟，平安地回到了家。他们走进家门一看，小牛正趴在槽下静静地反刍呢！

18 原来它跑进了邻居的庄稼地里，被人家给领回来了。看着小牛，母亲真后悔不该冒失地到深山中找牛，多险啊！从此，谢定住舍身打虎救母的故事就传开了。

19 永乐二年（1404 年），皇帝召见了谢定住，并嘉奖了他，还给他家送了一块写着“打虎救母”四个大字的匾额呢！

20 孝心是一种人生的原动力，它能激发出人的勇气和力量。正因为有一颗赤诚的孝心，谢定住才能在危急关头表现出超乎寻常的勇气和力量。

孝

尊亲立身之道

XIAO ZUNQIN LISHEN ZHI DAO

拓跋宏为父吸痈

1 拓跋宏是北魏时期一个很有作为的政治家。在他两岁时，父亲魏献文帝就把他立为太子。

2 拓跋宏幼年丧母，他的祖母冯太后把他抚养成人。冯太后是历史上有名的女政治家，但是为人凶悍霸道，在处理朝政时，常常与魏献文帝发生分歧。

3 皇帝和太皇太后的关系紧张，作为皇太子的小拓跋宏有些事就感到特别难办，但他很会处理复杂的宫廷关系，父亲和祖母都很宠爱他。

4 由于拓跋宏是由冯太后抚育成人的，他特别尊敬祖母，对她的话言听计从。专横的冯太后觉得这个年幼的小孙子比当皇帝的儿子容易控制，总想让小孙子早点继位当上皇帝。为了达到这个目的，她甚至想下毒手谋害自己的亲生儿子魏献文帝。

5 拓跋宏年纪虽小，却是个非常懂事的孩子，他对父亲非常孝顺，从不依仗着祖母对自己的恩宠对父亲施加压力。

6 在拓跋宏 4 岁那年，在复杂的宫廷斗争中，魏献文帝急怒之下，后背上长出了一个巨大的毒痈，太医们想尽了办法，用了各种药物，都不见有什么好转，一个个束手无策。

7 冯太后见此情景，心里很高兴，她想，如果儿子的毒痈治不好，他一死我就把皇孙宏儿扶上金銮殿当皇上。

8 但拓跋宏却不这么想，他心疼父亲，为父亲的病着急，天天跑到寝宫去探望父亲。父亲背上的毒痈越来越大，疼得额头上冒出冷汗，在床上翻来覆去地大喊大叫。拓跋宏心里十分难过，却也无计可施，只好日日陪伴在父亲身边。

9 宫女们送来的药，他总是先亲口尝一尝，然后再让父亲喝下。可是，一连吃了几剂御医开的药，毒痈并不见下去。

10 夜间，拓跋宏在自己的寝宫里都能听到父亲痛苦的喊叫声，他心里很是难受，恨不得那个该死的毒痈长到自己身上来。

11　第二天，宫人们都在悄悄议论：“皇上怕是活不了几天了！”拓跋宏听了，心中非常害怕，他急忙来到父亲的宫里，见父亲背上的毒痈隆起得更高了，毒痈的尖亮亮的，显然里面全是脓血，有的地方已经破了。

12　拓跋宏问身边的太医：“是不是把痈里的脓血吸出来，父皇的病就会好了呢？”“这……也许……”太医惊恐地回答，“臣不敢担保。”

13 没想到，皇太子拓跋宏已经顾不上自己的安危了，他扑上去，用嘴对准父亲背上的毒痈，像婴儿吸吮奶头那样用力一吸，竟吸出了一大口脓血。宫女们都吓坏了，急忙端来清水让太子漱口。

14 吸出了脓血之后，皇上立刻轻松了许多。也许是拓跋宏的孝心感动了上天，皇上的病渐渐好转了，不久，毒痈便消失了，身体也康复如初。

15　一年以后，魏献文帝为缓和同冯太后的矛盾，把皇位让给了拓跋宏，这时的拓跋宏只有 5 岁。把皇位让给一个 5 岁的孩子，这种做法当然是荒唐可笑的。但是拓跋宏为父吸痈解毒、孝顺长辈的故事却成为历史上的美谈。

16　成年后，拓跋宏励志图新，成为历史上很有作为的改革家之一。孝，有时需要能忍耐日常琐碎的磨炼，有时则需要有奋不顾身的勇气。拓跋宏能够为父吸出痈中的脓血，表现出了一个孝子的赤诚和勇气，所以他的孝行留名青史。

孝

尊亲立身之道

XIAO ZUNQIN LISHEN ZHI DAO

伪造家书苦用心

1 我们都知道谭嗣同是近代维新变法的先驱，但他伪造家书救父脱困的故事却鲜为人知，这里讲的就是这个真实的故事。

2 谭嗣同少年时代多遇不幸。12 岁那年，他的生母、哥哥、姐姐都死于瘟疫。

3 母亲在临终的时候，拉着他的手说："同儿，我将要离开人世，丢下你和你父亲我真是放心不下，今后你要用双倍的孝心对待你父亲。你父亲性子急、脾气倔强，你可要多顺从他呀。"

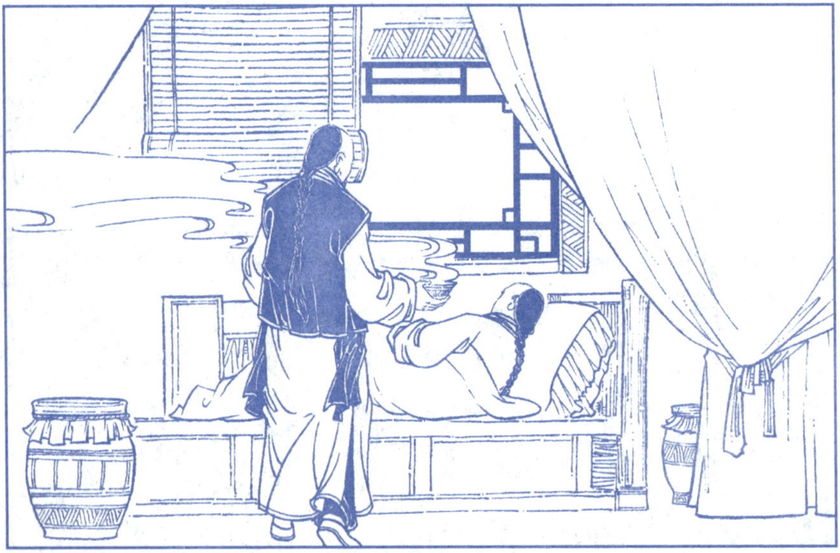

4 谭嗣同哭着点点头。真是祸不单行，母亲死后不久，无情的瘟疫又使谭嗣同病倒了，他一连发烧三天三夜，人事不省。

5 他父亲日夜守护着他，到处求医讨药，奇迹出现了，谭嗣同终于又活过来了。父亲很高兴，给他起了个名号“复生”。

6 谭嗣同和父亲相依为命，他时时不忘母命，孝敬父亲，和父亲的感情也越来越深了。

7 后来，父亲娶妻续室，父子间往日亲密无间的关系逐渐冷淡下来。

8 他考虑了很久，觉得自己该去外面游历，开阔视野，增长见识。一天夜里他走进父亲的书房，说：“儿已长大，可否允许我外出游历？”

9 父亲放下手里的书，看着他的眼睛讲道："我正想和你谈谈。最近我们之间的交流太少了，你是顾忌继母，怕我们父子失和，对吗？""不全是，孩儿只是想锤炼一下自己的意志，去看一看外面的世界。"

10 谭嗣同把自己的想法和父亲详细地说了。这一夜，书房的灯彻夜未熄，他们父子又恢复了往日的交流。

11 父亲终于同意了他的想法。谭嗣同开始离家远游。

12 10年中，他走遍了大江南北，亲眼看到了国家的支离破碎。黄河两岸到处可见逃难的人，他们衣衫褴褛，面黄肌瘦，脸上布满愁云惨雾……这一切深深刺痛了谭嗣同的心。

13 一天深夜，他披衣绕屋行走，忧愤满怀，挥笔写下了一首诗：“世间万物抵春愁，合向苍冥一哭休。四万万人齐下泪，天涯何处是神州！”

14 谭嗣同和一些变法维新人士帮助光绪帝推行变法，功败垂成。戊戌变法后，清政府大肆搜捕维新志士。谭嗣同自然也难逃劫难，他的好朋友大刀王五等多次劝他逃走，但他已抱定为维新而死的决心，他说：“不有行者，谁图将来；不有死者，谁鼓士气！”拒绝逃走。

15 当时，清朝政府仍然厉行“一人犯法，累及家族”的株连法，所以谭嗣同的家人也被逮捕了。

16 此时，谭嗣同的父亲已经70多岁了。谭嗣同身处危难之际，惦念老父，他不忍心牵连父亲，但是用什么办法才能使老父脱困呢？他冥思苦想，想了很久很久，终于有了一条妙计。

17 谭嗣同终于被捕了，会馆内的“莽苍苍斋”——谭嗣同的住所被几个官兵翻腾得零乱不堪，地上到处是纸片，有人在翻看着，希望从中发现有价值的东西好拿回去邀功请赏。

18 这时一个官兵忽然发现了一个信封，只见信上写道：“你大逆不道，又屡违父训，妄言维新，狂行变法，有悖国法家规，故而断绝父子情缘。倘若予以不信，愿此信谭嗣同的父亲名字为凭证，尔后逆子伏法量刑，皆与吾无关……”家书的末尾落款是谭嗣同父亲的名字谭继洵。

19 由于这封家书，谭嗣同的父亲没被治罪。原来，谭嗣同模仿父亲的笔迹写成了这封断情书，救了父亲，这就是他苦想的妙计。

20 谭嗣同身处危难之际伪造家书庇父，保全白发老父晚年平安，以遂“子事父”的心愿，既表达了一个人的孝心，又体现出一位革命者为正义而奋不顾身的精神。

编 后 记

以《中华文圣——孔子》为代表的中华优秀儒学传统文化中的精华“诚”“信”“忠”“孝”“仁”“和”“礼”“义”“恕”“廉”“智”“行”的系列故事共13册大型原创手绘连环画丛书，是我前后历经17年业余时间搜集、阅读、整理、编写的成果。在2019年8月，这套共13册的大型原创手绘连环画丛书，终于由东方出版社出版，完整地呈现在读者面前。我17年的煎熬，虽苦犹乐，甚感欣慰。

出版这套大型原创手绘连环画丛书，是我多年的热切追求和梦想。正所谓“路曼曼其修远兮，吾将上下而求索”！几十年来，在我日常生活或社会交往中，在车站、机场、码头或其他公众场所，常见到“无尊长、无敬畏、无廉耻、无忠孝、无礼让、无诚信”等道德缺乏、行为失范的社会现象，引起了我的深刻思考：难道历经数千年的中华民族优秀传统文化在当今就没有用了吗？然而，纵观世界先进国家的发展历史，我深切地感受到：一个具有优秀素养的民族，乃国家强盛的根基；尤其是在社会不断开放，科技飞速发展，传播手段多样，各种文化现象、思想相互碰撞冲击的今天，弘扬传承中华民族优秀的传统文化，尤显迫切和重要，仍具有重要的现实意义。

编辑出版中华民族人文修养经典故事丛书，愿中华民族优秀传统文化的人文核心价值，在国家发展的历史进程中，重塑“引领风尚、促进和谐”的精神文明，让全社会进一步树立扬善去恶、明辨荣辱的观念，构建“助人为乐、以和为贵”的良好人际关系。让优秀的传统文化如春风、似春雨，滋润更多人心，让千年文明之光照耀中华大地。

“明理须读书，立德先修身。”我苦心孤诣策划出版这套大型原创手绘传统连环画丛书，意在用通俗易懂的方法和以事感人、以理服人的大众传播方式，弘扬传承中华民族的优秀文化。本丛书用许多故事来反复印证主题——“读书百遍，其义自见”，试图对广大青少年和社会大众在加强修养、提升个人素质方面起到潜移默化的作用，以中华民族优秀传统文化的伟大力量，去激发中华儿女昂然崛起的生命冲动，实现中华民族的伟大复兴！

如是，则民族幸甚，国家幸甚，天下幸甚！

由于学识有限，加之该文化工程面宽量大，难免有疏漏错误之处。主观上想扬弃和倡导的东西，客观上未必尽能如愿，希望读者朋友评点是非，明勘谬误，求其正范。

“中华民族人文修养经典故事”丛书

李彗生

2019年5月